用法基盤モデルから辿る第一・第二言語の習得段階
―― スロット付きスキーマ合成仮説が示す日本語の文法 ――

橋本 ゆかり 著

風 間 書 房

まえがき

　本書は、日本語を第二言語とする幼児がどのように言語構造を構築していくのかについて、認知言語学の用法基盤モデルを援用し、プロセスとメカニズムを追究した研究です。前著『普遍性と可変性に基づく言語構造の構築メカニズム－用法基盤モデルから見た日本語文法における第一言語と第二言語習得の異同－』に次ぐものです。

　前著では、日本語を第一言語および第二言語とする幼児の習得において、用法基盤モデルが有効であることを示し、言語ユニットをピボットにした「スロット付きスキーマ」の生成と合成により言語構造が構築されることを仮説として提示しました。前著を執筆後、筆者はこの仮説を用いて研究を続け、いくつかの研究の成果を積み重ねてきました。本書では、前著の研究の１つを含めた４つの小研究を行い、当該仮説の妥当性を示すと共に、多様な構文の獲得プロセスを明らかにしています。

　本書の特徴は、主に４つあります。第一に、英語の第一言語習得において提唱された認知言語学の用法基盤モデルの特徴を述べた上で、言語類型論的に異なる日本語に応用して考えた場合、どのような習得プロセスになるのかを先行研究の知見を踏まえながら説明しています。前著においても用法基盤モデルについて説明していますが、本書では、さらに詳しく示し、日本語に応用した場合のプロセスを提示しています。

　第二に、前著の研究成果として提示した言語習得に関する仮説を本研究に援用し、最終的にその妥当性を実証的に示しています。前著で紹介した研究内容は動詞形と助詞に限定していましたが、本書では、それに加えてさらに複雑な構文を作るにはどのようなプロセスを辿り、構造を発達させていくのかを探っています。

第三に、第一言語と第二言語習得プロセスの共通性と差異を探っています。前著で示した知見を他の文法カテゴリーにおいて展開し、検討しています。

　第四に、日本に日本語を第二言語とする幼児や児童が増えたことから、子どもに日本語を教えるにはどのようなことに注意したらよいのかを本研究の結果から示しています。筆者は外国人児童に対する支援を行っていますが、そういった現場での経験も踏まえての提案となります。

　本書で提示した知見が、さらにその先にある研究の方向性と道筋を教えてくれるものと信じております。

目　　次

まえがき

第 1 章　研究の背景 …………………………………………………… 1
　1.1　日本社会の変化 ………………………………………………… 1
　1.2　言語習得のプロセスとメカニズムの解明 …………………… 2

第 2 章　本研究の目的と特徴 ………………………………………… 5
　2.1　研究の目的 ……………………………………………………… 5
　2.2　研究の特徴 ……………………………………………………… 5
　　2.2.1　L2幼児の研究 ……………………………………………… 5
　　2.2.2　L1習得理論のL2習得研究への応用 …………………… 6
　　2.2.3　世界的議論の検討−固まりからのルール獲得 ………… 7
　　2.2.4　「スロット付きスキーマ合成仮説」の検証 …………… 7
　　2.2.5　中間言語、誤用の考え方 ………………………………… 8
　2.3　本研究の構成 …………………………………………………… 9
　2.4　本章のまとめ …………………………………………………… 9

第 3 章　先行研究 ……………………………………………………… 11
　3.1　バイリンガルの理論 …………………………………………… 11
　　3.1.1　同時バイリンガルと継起バイリンガル ………………… 11
　　3.1.2　2つの言語能力 …………………………………………… 12
　3.2　言語習得理論 …………………………………………………… 13
　　3.2.1　対立する言語習得理論 …………………………………… 13

3.2.2　用法基盤モデル誕生の背景 14
　　　3.2.3　用法基盤モデルの特徴 19
　　　　3.2.3.1　生成文法との違い 19
　　　　3.2.3.2　固まりについての考え方の違い 20
　　　　3.2.3.3　言語習得に必要な能力 22
　　　3.2.4　用法基盤モデルの言語習得プロセス 25
　　　　3.2.4.1　共同注意 26
　　　　3.2.4.2　シーンの概念化と対応する言語表現 27
　　　　3.2.4.3　構文を習得する意味 27
　　　　3.2.4.4　多語文の発達 – 語結合、ピボット・スキーマ、アイテムベース
　　　　　　　　　構文、抽象的構文 28
　　　3.2.5　用法基盤的アプローチと生成文法的アプローチの比較 35
　　　3.2.6　用法基盤モデルを応用した習得研究 37
　　　　3.2.6.1　パターン発見とその進展を追究する研究 37
　　　　3.2.6.2　海外における研究 – L1幼児、L2大人、L2子ども 38
　　　3.2.7　用法基盤モデルの習得についての考え方 41
　　　　3.2.7.1　定着 – トークン頻度とタイプ頻度 41
　　　　3.2.7.2　習得に影響する要因 – 卓立性、新近性、初頭効果 42
　　　3.2.8　用法基盤モデルの日本語習得への応用 44
　　　　3.2.8.1　「スロット付きスキーマ合成仮説」 44
　　　　3.2.8.2　「スロット付きスキーマ」の種類と機能 45
　　　　3.2.8.3　「スロット付きスキーマ」の観点から見た L1幼児と L2幼児の
　　　　　　　　　習得 52
　3.3　本章のまとめ 58

第4章　研究課題と研究方法論 59
　4.1　研究課題 59

4.2 研究方法論 ……………………………………………………………… 60
  4.2.1 研究方法についての考え方 …………………………………… 60
  4.2.2 複合的な手法 …………………………………………………… 61
  4.2.3 調査のための準備と調査時の心構え ………………………… 61
    4.2.3.1 フィールドに入るまでの準備 …………………………… 61
    4.2.3.2 フィールドでの心構え …………………………………… 62
    4.2.3.3 その他の心がけ …………………………………………… 63
  4.2.4 調査対象とした発話の種類 …………………………………… 63
  4.2.5 文字起こし ……………………………………………………… 64
  4.2.6 調査対象児のプロファイル …………………………………… 64
    4.2.6.1 L1調査対象児 – 対照データ ……………………………… 64
    4.2.6.2 L2調査対象児と採用の理由 ……………………………… 64
  4.2.7 分析方法 ………………………………………………………… 67
  4.2.8 研究方法における限界と有効性 ……………………………… 68
 4.3 本章のまとめ …………………………………………………………… 68

第5章 否定形式の研究 ──述語形の習得 その1── ……………………… 69
 5.1 はじめに ………………………………………………………………… 69
 5.2 先行研究 ………………………………………………………………… 70
 5.3 研究課題 ………………………………………………………………… 72
 5.4 研究方法 ………………………………………………………………… 72
 5.5 分析結果と考察 ………………………………………………………… 73
  5.5.1 B児の分析結果と考察 ………………………………………… 73
  5.5.2 K児の分析結果と考察 ………………………………………… 78
  5.5.3 M児の分析結果と考察 ………………………………………… 82
 5.6 結果のまとめと総合的考察 …………………………………………… 85
  5.6.1 L2幼児の結果のまとめ ………………………………………… 85

  5.6.2　L1幼児とL2幼児の違い ……………………………………… 89
  5.6.3　総合的考察 ……………………………………………………… 92
 5.7　本章のまとめ ………………………………………………………… 93

第6章　願望形式の研究　——述語形の習得　その2—— ……………… 95
 6.1　はじめに ……………………………………………………………… 95
 6.2　先行研究 ……………………………………………………………… 96
 6.3　研究課題 ……………………………………………………………… 96
 6.4　研究方法 ……………………………………………………………… 97
 6.5　分析結果と考察 ……………………………………………………… 97
  6.5.1　L1幼児の分析結果と考察 …………………………………… 97
  6.5.2　L2幼児の分析結果と考察 …………………………………… 100
 6.6　結果のまとめと総合的考察 ………………………………………… 107
  6.6.1　L2幼児の結果のまとめ ……………………………………… 107
  6.6.2　L1幼児とL2幼児の違い ……………………………………… 108
  6.6.3　総合的考察 ……………………………………………………… 111
 6.7　本章のまとめ ………………………………………………………… 111

第7章　全部否定表現形式の研究　——複雑な文構造の習得—— ……… 113
 7.1　はじめに ……………………………………………………………… 113
 7.2　先行研究 ……………………………………………………………… 113
 7.3　研究課題 ……………………………………………………………… 115
 7.4　研究方法 ……………………………………………………………… 115
 7.5　分析結果と考察 ……………………………………………………… 116
  7.5.1　L1幼児の分析結果と考察 …………………………………… 116
  7.5.2　L2幼児の分析結果と考察 …………………………………… 118
 7.6　結果のまとめ ………………………………………………………… 124

7.6.1　L2幼児の結果のまとめ ………………………………………… 124
　　7.6.2　L1幼児とL2幼児の違い ………………………………………… 125
　7.7　本章のまとめ …………………………………………………………… 126

第8章　理由表現形式の研究　──複文構造の習得── …………………… 129
　8.1　はじめに ………………………………………………………………… 129
　8.2　先行研究 ………………………………………………………………… 130
　8.3　研究課題 ………………………………………………………………… 132
　8.4　研究方法 ………………………………………………………………… 132
　8.5　分析結果と考察 ………………………………………………………… 132
　　8.5.1　全体的傾向 ……………………………………………………… 132
　　8.5.2　「だってが」から「だって」への形態的移行 ……………… 134
　　8.5.3　「だってが」「だって」「から」の産出プロセス ………… 135
　　8.5.4　「から」構文と「だって」構文の獲得プロセス …………… 147
　8.6　結果のまとめ …………………………………………………………… 148
　　8.6.1　L2幼児の結果のまとめ ………………………………………… 148
　　8.6.2　L1幼児とL2幼児の違い ………………………………………… 150
　8.7　本章のまとめ …………………………………………………………… 151

第9章　総合的結果 …………………………………………………………… 153
　9.1　L2幼児の習得の段階性とL1幼児との相違 ………………………… 153
　9.2　「スロット付きスキーマ」の生成と合成による構造構築
　　　プロセス ………………………………………………………………… 161
　　9.2.1　述語形の構造 …………………………………………………… 161
　　9.2.2　呼応形態の文構造 ……………………………………………… 165
　　9.2.3　複文構造 ………………………………………………………… 166
　9.3　本章のまとめ …………………………………………………………… 168

第10章　総括 ………………………………………………………… 169
 10.1　結論 …………………………………………………………… 169
  10.1.1　本研究の理論的貢献 ……………………………………… 169
  10.1.2　プロセスの共通性が示す習得メカニズム ……………… 170
  10.1.3　L1幼児とL2幼児の違いを引き起こす要因 …………… 172
 10.2　年少者教育への示唆 ………………………………………… 174
 10.3　今後の課題 …………………………………………………… 177

参考文献 …………………………………………………………………… 179
本書の内容と既論文との関係 …………………………………………… 191
おわりに …………………………………………………………………… 195

第1章　研究の背景

1.1　日本社会の変化

　近年グローバル化の進展に伴い、ビジネスや就労目的で日本へやって来た外国人登録者数が増加している。戦前戦後より在日している韓国、朝鮮人定住者に加え、1980年代以降は中国、フィリピン、ブラジル、チリ、ペルー、アメリカ、ベトナム、ラオス、カンボジアといったさまざまな国から外国人が渡日している。1980年代より前に来日した外国人はオールドカマーと言われるが、それ以降に来日した外国人はニューカマーと言われる。

　在日外国人は、家族で、つまり自分の子どもを連れて来日したり、日本で出産したりする。当然のことながら外国籍の子どもの数も増える。しかし、こういった急激な変化に対し、受け入れ側である日本は、子どもたちの日本語の習得を支援し保障するための制度や環境を十分に整えているとは言えない。

　子どもたちは、日本語を第二言語（以下、L2）として習得する。日本で長く生活していくためには、日本語をしっかりと習得し、教科学習においても応用できるようにならなければならない。

　日本語教育の分野では、近年、こうした子どもたちの教科学習における遅れや躓きの問題に注目が集まり、支援のあり方を模索する研究が増えている。しかしながら、それらは教師の視点からみた研究が多く、多様な背景を持つ子どもたちがどのように日本語を習得していくのかといった言語習得のプロセスとそれを駆動するメカニズムを追究した研究は管見の限りあまり行われていない。

現在では、ニューカマーの2世や3世の子どもたちも誕生し始めており、保育の現場では日本語をL2とする幼児（以下、L2幼児）の数は確実に増えている。

1.2 言語習得のプロセスとメカニズムの解明

このような日本の現状において、幼少期よりL2として日本語を習得するための環境整備が社会的課題となってきている。しかし、保育にあたる者もどのようにL2幼児を指導すればよいのか、日本語を第一言語（以下、L1）とする幼児（L1幼児）と同じ指導法でよいのかについて明確な答えを得られずにいる。今後、適切かつ効果的な支援方法を検討する際に重要なのは、L2幼児がどのように日本語を習得していくのか、L1幼児とは何が異なるのかといったプロセスやメカニズムを認識し具体的な方法を考えることである。しかし、L2幼児の日本語習得についての研究はまだ緒に就いたばかりである。

これまでL1習得については、発達心理学や言語学の分野で詳細な記述研究や理論研究が積み重ねられてきた。しかし、L2習得研究は大人の学習者を対象として始まったため、幼児を対象とした研究はまだそれほど行われていない。移民の多いアメリカやオーストラリアなどではバイリンガルの言語習得や教育に関する研究が進んでいるが、日本で幼児のL2習得研究が始まったのは最近のことである。社会のグローバル化に伴い日本語教育の支援が必要な幼児が増えていることから、日本においても幼児のL2研究が必要となる時代が到来したと言えよう。

それでは、幼児のL2習得とはどのようなものなのであろうか。L1幼児と同じように進むのだろうか。大人のL2習得に近いのであろうか。幼児のL2習得は低年齢の段階で始まるため、大人のL2習得とは認知能力のレベルが大きく異なる。一方、L1習得と比較すると認知能力のレベルの差はそれほ

どでないが、既にL1を習得している点、言語学習経験の有無が異なっている。

　現在、言語習得のプロセスやメカニズムの解明に向けて様々な立場から研究がなされている。認知言語学の分野で行われている用法基盤モデル（Usage-Based Model）に基づく習得研究もその1つである。本書においては、認知言語学の用法基盤モデルを援用し、研究を進めることにする。用法基盤モデルについては、第3章において詳しく説明する。

第 2 章　本研究の目的と特徴

本章では、本研究の目的と研究の特徴について述べる。

2.1　研究の目的

本研究の目的は、L2幼児がどのように日本語の言語構造を構築しているのか、そしてL1幼児とはどのように異なるのかを明らかにすることである。筆者は、2011年に「スロット付きスキーマ合成仮説」(橋本 2011b) を提示した。本研究では、当該仮説を援用し、多様な構文や構造がどのように獲得されるのかを明らかにしつつ、仮説の妥当性を検討したいと考える。

2.2　研究の特徴

2.2.1　L2幼児の研究

元来、L2習得研究は、主にL2学習者に対する教育法を追求したいという理由により1960年代後半から発展したものである (Ellis R. 1994) ため、大人対象の研究が多かった。学習者の産出する誤用がL1幼児にも見られることから、次第にL1習得とL2習得が類似しているというL1=L2仮説 (Krashen et al. 1978 等) が提唱されるようになった。この仮説は、L1習得とL2習得それぞれにおいて文法形態素などの習得順序が存在し、しかもその習得順序が類似しているという研究結果に基づいている。このことは、L1習得とL2習得の違い、インプットの違い、年齢差、認知能力の違いといったさまざまな相違点を超えて共通する習得プロセスがあるということを示唆しており、それは人間の脳の機能、認知の仕方に依拠していると考えられている。L1の

習得メカニズムがどこまでL2習得において応用可能であるのか、そしてどういった差異があり、その原因は何なのかについて検討することが、言語習得メカニズム解明の鍵となると考える。

L1幼児とL2大人の習得の間には、L1習得とL2習得の違いの他に、年齢や認知能力の差といったさまざまな要因が存在している[1]。そこで、L2幼児も含めたL1幼児、L2幼児、L2大人において調査を行い、その結果を比較検討することに意義があるのではないかと考える。例えば、L2習得では年齢差がある場合はどうか、年齢は近いがL1習得とL2習得の違いがある場合はどうかといった具合に、ある程度要因を絞り習得プロセスの共通性と差異を検討することで習得メカニズムの解明に迫ることができると考える（橋本2006a）。本研究は、L1幼児、L2幼児、L2大人の3領域のうち、これまで日本語のL2習得研究ではあまり注目されてこられなかったL2幼児に関するもの[2]であり、L1とL2幼児間の共通性と差異に焦点を当てている。

2.2.2 L1習得理論のL2習得研究への応用

本研究においては、L1幼児と年齢差の少ないL2幼児の習得にL1習得研究の知見の応用を試みる。L1習得研究は、発達心理学、発達認知学など（Piaget 1948; Vygotsky 1934 等）長年に亘って培われた知見が統合され、言語の習得メカニズムについて明らかにされている部分が多い。しかも、L1およびL2習得研究は別分野としてそれぞれ異なる研究がなされており双方の知見が十分に生かされていないことを考えると、L1習得の習得プロセスに関する知見を応用することは有益であり、さらに実際にL1幼児の習得プロセスと比較対照することでL2幼児の特徴を浮き彫りにすることができると考える。本研究においてはL1習得の分野で提唱された認知言語学の用法基

---

[1] 迫田（1998、2001）は、指示詞コ・ソ・アの習得過程についてL1幼児とL2大人を比較し、習得順序が異なる要因としてインプットを挙げている。
[2] L2幼児の研究としては、「の」の過剰生成（白畑 1993）についての研究などがある。

盤モデルを援用する。

2.2.3　世界的議論の検討－固まりからのルール獲得

　海外のL1およびL2習得研究では、学習者が固まりのまま丸暗記した表現を習得初期に産出することは、Brown (1973) のL1幼児対象の研究を始め多くの研究において報告されている。例えば、Huebner (1980) は英語習得中の幼児が *Waduyu* という形を丸暗記しWh疑問文の標識として使用し続けていたことを指摘し、固まり表現の形と機能を習得することが発達プロセスを形成すると述べている。しかしながら、固まり学習がルール獲得に繋がるのかについては、議論が続いている (Ellis 1996; Krashen & Scarcella 1978; Tomasello 2003; Weinert 1995; Wong-Fillmore 1976, 1979 等)。用法基盤モデルを提唱するTomasello (2003) は、L1幼児はインプットから固まりのまま表現を暗記し、類推によるカテゴリー化と抽象化によりルールを獲得すると言う。

　本研究においては、L2幼児がどのように形と機能のマッピングを行い、ルールを獲得するのかを明らかにし、固まり学習とルール獲得との連続性に関する根源的問題に対する答えの1つとして本研究の結果を提示したいと考える。

2.2.4　「スロット付きスキーマ合成仮説」の検証

　日本語については、橋本 (2006b, 2011a, b 等) が用法基盤モデルの「ピボット・スキーマ」の概念を援用し、習得初期は動詞形が丸ごと記憶され、やがて動詞および動詞接辞をピボットとした「スロット付きスキーマ」(橋本 2006b) が生成され双方のカテゴリーが合成 (Langacker 2000) することで動詞形などができあがると指摘している。さらにテンス・アスペクト辞・可能辞・助詞などもピボットとなり、「スロット付きスキーマ」の合成と相互作用により文構造も構築されていくことが示され (橋本 2006b, 2007, 2009, 2011a, b 等)、卓立性のある言語ユニットを中心に知識の組織化がなされることが

指摘されている。

しかしながら、多様な述語形やより複雑な構造がどのように獲得されていくのかについては、十分に検討されておらず、「スロット付きスキーマ合成仮説」（橋本 2011b）の妥当性をさらに検証していく必要がある。本書では、研究対象となる文法カテゴリーの範囲を拡げ、多様な視点から複雑な構造がどのように構築されていくのかについて追究する。

2.2.5　中間言語、誤用の考え方

母語とも目標言語とも異なり、その途中段階にある L2 学習者の言語体系は中間言語と言われる（Selinker 1972）。中間言語は、学習者がそれぞれ目標言語の規則を単純化したものであり、限られた知識を活用して大きな成果を生むように編み出した体系であると考えられている。Selinker（1972）は、L2 習得における誤用は発達上必要なものであり、言語習得のプロセスとして排除して考えるべきではないと指摘し、誤用は L2 習得プロセスに当然のことながら存在する中間言語であると主張したのである。

中間言語とは、習得の段階に応じて変化していくもので、不完全で流動的であり、ゆえに新しい言語形式や規則の浸透が容易である。中間言語は習得が進むにつれて目標言語に近づいていくが、時には習得されたと思われる項目や規則が再び元の状態に戻ったりする現象が見られ、これは逆戻り現象と言われている。また、不完全なままで定着してしまうこと（化石化）もあるということである。

誤用分析では目標言語の規範と同じ形式や意味の使用を「正用」、規範と異なる使用を「誤用」と称するが、本研究では、中間言語的観点より「正用」を「規範」と称し、そして「誤用」を「非規範」と称することとする。L2 幼児の産出する非規範の産出を中間言語の一部とし、それらは産出された時点における L2 幼児の言語体系を反映したものであると考える。非規範の産出は言語体系を知るための貴重な手掛かりであると捉え、研究を進める

ことにする。

2.3　本研究の構成

　次章以降の本研究の全体の流れを説明する。第3章においては、本研究に関する先行研究をまとめる。大きくは、バイリンガルに関する知見と、認知言語学の用法基盤モデルに関する説明との2つから成る。認知言語学の用法基盤モデルについては、用法基盤モデル誕生の背景と当該理論の提唱する習得プロセスがどのようなものであるのかを説明し、他の言語習得理論との違いを明らかにする。さらに用法基盤モデルを応用した研究を紹介し、日本語の言語構造の構築プロセス、およびL1幼児とL2幼児の習得の違いに関する知見をまとめる。第4章では、本研究の課題を設定し、方法論を述べる。第5章から第8章までは研究に関する記述である。研究の種類は、述語形の習得研究（第5章、第6章）、単文の複雑な構造の習得研究（第7章）、複文構造の習得研究（第8章）の3つである。述語形の研究は2つの研究を紹介する。否定形式の研究を第5章に、願望形式の研究を第6章に記述する。単文の複雑な構造に関しては、全部否定表現形式の研究を第7章に記述する。複文構造に関しては、理由表現形式の研究を第8章に記述する。第9章では、研究課題ごとの結果をまとめて記し、多様なレベルの構造がどのように構築されるのかを示す。第10章の総括では、本研究の結論を述べ、研究実践の可能性として年少者教育への示唆と今後の課題を述べる。

2.4　本章のまとめ

　本章では、本研究の目的と研究の特徴、そして本研究の構成について述べた。
　次章は、本研究の先行研究についてである。文法カテゴリーごとの研究の

先行研究は各章にまとめて紹介する。

第3章 先行研究

前述のとおり、本研究は、L2幼児を対象としL1習得において提唱された認知言語学の用法基盤モデルを援用して行うものである。本章では、L2幼児を研究対象とするため、まずバイリンガルの理論を説明し、その後言語習得理論である用法基盤モデルを説明することとする。

3.1 バイリンガルの理論

3.1.1 同時バイリンガルと継起バイリンガル

本研究の調査対象児はL2幼児である。2つの言語を習得している者をバイリンガルと言うが、バイリンガルは同時バイリンガルと継起バイリンガルの2種類に分類される。同時バイリンガルは、幼児期に2言語に接し、ほぼ同時に両言語を習得するバイリンガルを指す。一方で、継起バイリンガルは、L1がある程度習得された後、もう1つのL2に接触し習得するバイリンガルのことを言う。

同時バイリンガルと継起バイリンガルの線引き、つまりどの時点でL2を習得し始めた場合に継起発達とみなされるのかについてはMcLaughlin (1984) が説明している。McLaughlin (1984) によれば、3歳が言語習得におけるL1とL2を分ける年齢基準であるという。よって、L2に触れ始めた時期が3歳前の場合、同時発達（simultaneous bilingual）とされ、3歳以降の場合、継起発達（sequential bilingual）ということになる。本研究は、L2習得に関する研究であるため、この規定を適用し、3歳以降本格的に日本語に接触した継起バイリンガルを調査対象とする。3歳までに接触した言語は、L1と同様の習得過程を経て習得されると考えられ、3歳以降に接触した言語は、

L2習得のプロセスを辿ると考えられている（久津木2005）。

3.1.2　2つの言語能力

　それでは、1人の人間がL1とL2能力をもつとき、その2つの能力の関係はどのようになっているのか。異なる2つの考え方がある。

　1つは、分離基底言語能力モデルと言われる（Cummins 1984）もので、人間のもつ言語能力の容量は決まっているという考え方である。言語能力を風船に喩え、1つの風船が大きくなると、もう1つの風船が小さくなってしまうという考え方である。したがって、複数の言語を学ぶ者は、モノリンガルよりも1つの言語能力が劣るということになる。しかし、複数の言語を母語話者並みに操り産出できる人はいる。確かに日本にいる外国人の子どもが日本で生活していくうちに、母語を忘れてしまうという現象があるが、それはインプットの量に起因すると考えられる。

　Vygotsky（1934）は、「子どもは、自分の言語を多くの言語の中の1つの特定な体系とみなし、その言語現象をより一般的なカテゴリーのもとで捉えることが可能になる。そしてそのことで、自分の言語操作を認識するようになる」と指摘している。1960年代頃から、複数の言語を操作できることが認知能力に優位に働くという考えが支持されるようになる。

　そこで、共有基底言語能力モデル（Cummins 1984）が提唱されるようになった。これは、L1とL2の能力を氷山に喩え、水面下にある能力は共有されているという説である。このモデルによると、L2を習得する時にL1で獲得した能力を生かすことができ、双方に相乗効果を期待することができるという。作文や読解能力がL1で伸びると、もう片方の言語においても能力が伸びるという研究結果がある。これをリテラシー・トランスファーと言う。こういった事実からも、言語習得の初期においてもL1で培った知識を生かしていることが考えられる。

　Cummins（1984）は学齢期の児童について指摘しているが、2つの言語が

認知能力を共有しているという指摘は、幼少期の子どもの言語発達を検討する際にも応用できるのではないかと考える。

それでは次に、言語習得理論の用法基盤モデルについて説明する。

3.2 言語習得理論

3.2.1 対立する言語習得理論

近年では、L1習得研究において、認知言語学の用法基盤モデルが生成文法的アプローチに相対する2大柱になりつつある。

「文法は常に創発し、決して存在するのではない」(Hopper 1998)。このことばに象徴されるように、認知言語学を主張する研究者は、生得的な言語能力の存在を否定する。

1970年代に多くの研究者によって提唱された普遍的習得プロセスの存在は、万人に共通する言語能力の存在の証であると捉えられた。しかしながら、こういった主張に基づく生成文法的アプローチは、文法を作り出す能力には限界があり、すべての構文の現象を説明することはできないという欠点があった。

これに対し、認知言語学の用法基盤モデルは、1980年代より注目されるようになった。理論の根底には、言語が一般認知能力によって獲得されるという考えがある。制約があるとすれば、それは人間の知覚や認知能力の特徴や限界に由来するものと言える。人間は、聴覚や視覚などの有限の知覚と人間特有の認知の仕方によって外界を切り分ける。そして既に獲得したことばの知識と相互作用させながら、新たに獲得したことばを外界にある対象にあてがうのである。人間の認知は制約がありながらも、生活上の必要性に基づいていると言える。

用法基盤モデルは人間同士のコミュニケーションの中からことばが生まれるというもので、Ellis (2008a) は、「言語とディスコース、言語と使用、言

語と認知、言語と社会、言語と脳といった具合に分けて考えることはできない」と言う。本研究は、人間が環境との相互作用の中でことばの意味や機能をどのように捉えるのか、そして獲得した表現をどのように使用することで言語の構造を構築していくのかといった観点から研究を進める。

Tomasello（2003）は、用法基盤モデルの考え方の妥当性を主張している。そこでTomasello（2003）を参照し、次の3つの観点から用法基盤モデルをまとめてみる（本書3.2.2～3.2.4）。

1. 用法基盤モデルはなぜ誕生したのか。歴史的背景は何か。
2. 用法基盤モデルの特徴は何か。従来の理論とどのような点で異なっているのか。
3. 用法基盤モデルの習得プロセスはどのように進むのか。

3.2.2　用法基盤モデル誕生の背景

まずは、1（本書3.2.1）の「なぜ用法基盤モデルが誕生したのか」という問いに対して、言語習得研究の歴史的変遷から説明する。

幼児の言語獲得に関する研究－1950年代初頭～1960年代

1950年代初頭から1960年代にかけて、幼児の言語獲得に関する有名な研究成果が報告されている。その代表例としてBraine（1963）の軸文法が挙げられる。これは、L1幼児が発話データの分布分析を行い、1つの語（軸語）と様々な語を結合させる言語獲得理論であった。ここでは、次のような文型が提示されている。

① Pivot + O　（More juice. More milk）
② O + Pivot　（Juice gone, Mommy gone）
③ O + O　（Ball table, Mommy sock.（軸なしの発話））

ところが、この軸文法において問題が指摘された。それは、(1)同じ軸語を

同じ位置で使用するわけではない、(2) 2つの軸語を使用することがある、(3)上記文型③は規範的でない、であった。このようなことから、子どもがどのように大人の統語カテゴリーに辿り着くのかが不明であるという結論に至った。

大人の言語モデルの適用－1960〜1970年代

　1960年代、1970年代になると、大人の言語モデルを子どもの言語獲得データへ適用する研究がなされるようになった。その代表例が生成文法、格文法[3]、生成意味論[4]などである。しかしながら、子どもが最初から大人の文法を使用しているという根拠がないと指摘されるようになった。Slobin（1973）も類型論的に異なる多様な言語に適用可能な唯一の文法などありえないと述べた。

子どもを中心に据えた言語獲得

　大人の言語モデルの適用について問題点が指摘され、子どもを中心に見据えた言語発達理論に再び戻る動きが現れた。それが意味関係アプローチ（Semantic relations approach）と言われるものである。これは、「基本的な統語関係は、感覚運動認知により得られるカテゴリーと一致する」という考えに基づく。感覚運動認知とは、身体的活動を通して外界を知ることを意味する。例えば、子どもはゲームの中で他者とやりとりしながら行為主と行為の受け手といった文法的役割を学習するのである。Piaget（1952）は、感覚運動期にある子どもの世界は、感覚運動的射程距離である「いま、ここ」によって形成されるが、内面化が進むと概念の射程距離に入るものが子どもの世界を形成するようになると言う。

3　Fillmore が提唱した言語理論。文は動詞とその深層格（動作主、場所、道具といった格）との組み合わせによって表現されたものとみなされる。
4　Lakoff が提唱した理論。すべての文は意味構造から生成されると考えられている。

次に示すように、感覚運動的認知による非言語的関係は、言語的スキーマ[5]へ対応し投射される（図3-1）。

非言語的関係　　　　　　言語的スキーマ
Agent, Action, Object の関係 ⇒ Agent-Action-Object

図3-1　非言語的関係と言語的スキーマの対応

所有者（Possessor）－被所有物（Possessed）、対象（Object）－場所（Location）、対象（Object）－属性（Attribute）なども同様に考えられる。

しかし、子どもがPiaget（1952）の提示した感覚運動カテゴリーと一致しないことも話すという事実から、具体的な意味カテゴリーが抽象的な大人の統語カテゴリーへどのように繋がっていくのかという問題は意味的認知的抽象では説明しきれず解決されないまま残った。

大人の文法中心の考え方－1980年代

1980年代になると再び大人の文法に基づいて研究が進められるようになった。統率・束縛理論[6]（GB理論）、語彙機能文法（LFG）[7]などがその代表的理論とされる。子どもの言語から大人の言語へと繋がっていかないという、学習可能性[8]の問題により、元々子どもの言語と大人の言語には繋がりがあり、子どもは大人と同じ言語カテゴリーとルールを用いているという言語生得説が主張されるようになる。Chomskyの普遍文法がこれに相当する理論である。

5　抽象化され一般化された知識、概念（本書3.2.3.3参照）。
6　言語の能力を原理とパラメーターから説明する理論で、Chomskyが1980年代に展開した文法理論。
7　生成文法の一種。言語を多次元構造から成るものとみなす。
8　どのようなインプットで、どのようなメカニズムにより規則を学ぶのかが問題となった。この問題が解決できれば学習可能性があるという。学習可能性がない場合、学習者が規則を学ぶという仮定が間違っており、その規則そのものが間違いであるか、あるいはその規則はインプットではなく生得的な知識に基づいているということになる。

しかしながら、ここでも問題が浮かび上がった。それは、言語間にバリエーションがあり、発達途上に変異性があるのはなぜなのか、そして抽象的で一定の普遍文法を個別の言語構造にどのようにあてはめていくのかという疑問であった。このような経緯を経て、やはり子どもの言語は大人の言語とは違うのではないかという考えに落ち着いたのである。

多くの失敗から誕生した用法基盤モデルのアプローチ

それぞれの理論では、次の点が問題として指摘された。
- 軸文法の問題：子どもは大人の発話から抽象化を行う。
- 生成文法的アプローチ（形式文法）の問題：子どもは最初から大人の抽象的な言語知識を持っている。
- 意味関係アプローチの問題：子どもは意味的認知的抽象から始める。

このようないくつかの失敗を重ねた結果、用法基盤モデルのアプローチが誕生したというわけである。用法基盤モデルの言語発達理論は、言語習得が、言語の抽象から始まるのではなく、かなり限定された具体的なものから始まるという考えに基づく。

再び、こういった子どもの断片的かつ具体的な言語使用からどのように大人の文法へと繋がっていくのかという問題が浮上するが、これまでの考え方とは次の点で異なっていた。それは、インプットに基づき、ゆっくりかつ不均一に適正な一般化を行うという点である。単純で具体的、そして低レベルの抽象化がその特徴とされる。なぜならば、子どもは言語経験が少なく言語経験に見合った発達しかしないからである。

このようにして、発達心理学を包含した用法基盤言語学派の新しい言語発達のアプローチが誕生したのである。

構文についての考え方の違い

用法基盤言語学派の代表的な研究として、構文文法（Goldberg 1995等）、認

知文法（Langacker 1987）が挙げられる。これらは、限定されたものだけではなく、すべての言語の使用パターンを説明することを追求している。つまり、形式文法のように抽象的な構文である核文法だけを対象とするのではなく、すべての言語要素と構造（イディオム、不規則構文、混合構文、メタファー的拡張）を説明することを目的としている。

言語獲得は、意味のない言語ルールや要素を所有する（形式主義）のではなく、意味のある言語構造をもつ構造化されたインベントリ（structured inventory）を習得することである。形態素、語、句、統語によって組み立てられたもの（アセンブリ）は、それぞれが意味のある、つまり何らかの理由があって結びついた連続体であると考えられている。子どもは、言語インベントリの中に、具体的な単語、拘束形態素、固まりとして習得されたフレーズ、アイテムベースの構文を所有している。要するに、形式だけで内容のない規則に基づいて語を組み合わせて文を創るのではなく、大人の発話から多様な形や大きさ、そして抽象度の異なる言語構造を学習し、多様なユニットを繋ぎ合わせることで発話を創出するのである。ここでいうユニットとは、いわゆる文法から考える最小ユニットではないことに注意したい。

重要なことは、複雑な言語構造が具体的な言語項目に基づいているということである。言語能力の大部分は、日常の決まり文句、固定あるいは半固定表現、イディオム、連語の習得から成るのである。

一方で、生成文法では、語彙（レキシコン）と規則（ルール）とに分かれる二重メカニズムを想定している。そこには次のような問題がある。

問題1　その中間に値する、丸暗記の産物なのか、規則によるものなのか、どちらに帰属するのかわからないものがある。

　－let alone 構文－文法的に説明できない。
　－er 構文－文法的に説明できない。
　－外置構文－通常の語順と異なる。
　－there 構文－通常の語順と異なる。

問題2　規則が適用される範囲が非常に限られているものがある。

This hairdryer needs fixing.
→他の動詞ではこういった使い方をしない。

問題3　特殊な例がある。

Him be a doctor!
→主語が目的格である。
My mother ride the train!
→主語が3人称単数なのに動詞にsがつかない。

このように、規則にあてはまらない例がたくさん存在するのである。このことからも構文が耳から聞いて獲得されることがわかる。構文は、共通パターンの抽出によりできあがるため、その生産性もそれぞれ異なるのである。

本節（3.2.2）では、用法基盤モデル誕生の背景として言語（発達）理論の変遷（Tomasello 2003）を簡潔にまとめた。そこには、子どもの言語使用がどのように大人の文法へと繋がっていくのかが示されていた。生得的な言語に特化した能力を想定しなくても説明することができるのである。むしろ、そのほうがすべての言語現象を説明することができる。こういった知見は、どのように言語が習得されるのかを具体的に考えるためにも有意義であると言える。

3.2.3　用法基盤モデルの特徴

ここでは、本書3.2.1の2の「用法基盤モデルの特徴は何か。従来の理論とどのような点で異なっているのか」という問いについて述べる。

3.2.3.1　生成文法との違い

前述したように、用法基盤モデルと生成文法では言語習得観やインプットの役割に関する考え方が大きく異なる。

第一に、用法基盤モデルは、外界や社会との相互作用、つまり実際の使用を通して言葉が創発するという考えに立脚している。そして、言語習得とは外界から得たインプット（言語情報）をもとに一般認知能力を使ってボトムアップに学習するプロセスであるとした。ボトムアップとは、具体的な表現を1つひとつ断片的に丸暗記の固まりで習得し、その積み重ねの中から漸進的に抽象的な文法ルールを抽出していく帰納的なプロセスを指す。一方、生成文法は生まれながらに言語獲得装置（Language Acquisition Device）が頭の中に存在し、抽象度の高い文法ルールから具体的な文や表現が生み出されるというトップダウンのプロセスを想定している。

　第二に、用法基盤モデルにおいては、インプットがルールを抽出するための重要なデータを提供するものと捉えられているのに対し、生成文法においては生得的な言語獲得装置のパラメータを設定するトリガー（引き金）にすぎないとみなされている。パラメータとは言語ごとの特徴（変数）のことである。生成文法では、個別言語である母語に触れると、それがトリガーとなってパラメータが設定されるという。

　生成文法と用法基盤モデルのインプットに対する考え方の違いは、丸暗記の固まり学習についての考え方の違いにも表れている。まずは丸暗記の固まり学習について説明する。

3.2.3.2　固まりについての考え方の違い
丸暗記の固まり学習

　固まりはチャンクや定式表現、フォーミュラなどとも言われる（Myles et al. (1998)。固まりとは、一般に、複数の形態素からなるユニットであり、記憶の観点から説明すると、全体で貯蔵・アクセス・想起されるもので、個々のアイテムからルールに則って生まれるものではない

　固まりは、次のように定義されている（Myles et. al 1998; Peters 1983, 1985; Weinert 1995）。

1) 2つ以上の形態素から成る。音韻的に繋がりがあり、流暢である。
2) 生産的パターンではない。
3) 他のアウトプットよりも複雑である。
4) 繰り返し使用され、常に同じ形態である。
5) 統語的、意味的、語用論的に不適切であるか、あるいは特異なものである。
6) コンテクスト依存的である。
7) コミュニティ全体で使用している。

基本的には、固まりは次のような機能を目的としていると言われる（Myles et. al 1998; Peters 1983, 1985; Weinert 1995; Wray 2002）。
1) 社会的機能をもつ。目標言語能力が不足していても、最低限のコミュニケーションができる。コミュニカティブ・ストラテジーである。
2) 産出における流暢さと、より速い処理が可能になる。
3) 認知的機能をもつ。固まりを模倣することは文法ルールの発達に繋がる。

固まりの種類

固まりには2つの種類があるとされている。1つは完全な固定表現で、もう1つは「スロット付き表現」[9]である（Braine 1963; Hakuta 1974; Peters 1983, 1985; Weinert 1995; Wong-Fillmore 1976, 1979; Wray 2002等）。完全な固定表現は、*How are you*？など、日常よく使用される挨拶などがこれに相当する。

そして後者のスロット付き表現は、*Can you__*？が相当し、さまざまな語句を挿入するスロット付きの結合パターンから成る。後者のスロット付きの表現はBraine（1963）の軸文法において提唱されたもので、幼児の発話は分布分析に基づき、固定語とされるピボット（軸語）と交換可能な部分との組み合わせから成るというものである。

9　sequences with open slots（Weinert 1995: 183）を橋本（2006b：24）が訳したもの。

固まり学習に関する議論の対立

　前述した機能の3つ目「文法ルールの発達に繋がる」という部分については、海外のL1およびL2習得研究において白熱した議論が続いている。Krashen & Scarcella（1978）は、固まり表現（prefabricated routines）がパターンに進展するが、それとは別に創造的な構文構築のプロセスが発達していくと指摘する。つまり、固まり習得は「marginal（周辺的）な役割」しか果たさず、獲得したパターンやルーチンを再分析するのは、別の創造的な構文構築能力であり、固まり表現であるパターンやルーチンから文法能力が発達するのではないと言う。この考えを支持する研究にはBohn（1986）、Granger（1998）などがある。

　一方、L2習得研究のWong-Fillmore（1976）は、幼稚園にいるスペイン語話者の子ども（5歳〜7歳）5名の英語獲得過程を調査し、固まり表現を獲得すると、その後に分析をし始めることを指摘した。つまり、固まり習得が言語習得の「中心的（central）役割」（1976：640）を果たすことを主張したのである。他にも、固まり表現がルール獲得に結びついていくことを主張する研究は多数ある（Bardovi-Harlig 2002; Hakuta 1974; Myles et al. 1998, 1999; Schmitt & Carter 2004; Weinert 1995; Wood 2002 等）。

　用法基盤モデルは、後者の立場にあり、固まり学習からルールを次第に獲得していくという考えに基づくものである。

3.2.3.3　言語習得に必要な能力

　認知言語学の第一人者であるLangacker（2000）は、言語能力は一般的な認知能力の一側面に過ぎないとして、「言語に特化した能力が生得的に備わっている」という生成文法の考えを根底から問い直したのだった。用法基盤モデルに基づく言語習得の考え方は、実際に聞いたり使用したりすることで習得がなされていくというものである。ことばの中にパターンを発見し、意図の読み取りから意味を学習する。つまり、意味を意図の読み取りから、形

式をパターン発見により学習し意味と形式のマッピングを行うということになる（Tomasello 2003）。それでは、言語を習得するために使われる一般認知能力とはどのようなものだろうか。

　まずは、認知能力とは何かを説明しておく。認知は、知覚との違いから説明することができる。認知とは、経験や五感などを通して知覚したことについて概念形成し、かつ記憶とのやりとりの中で高次の情報処理を行うことを言う（辻編 2013）。知覚は刺激を感知するという受動的なものであるが、認知はこのように能動的主体的に関わるプロセスである。

　一般認知能力とは、人間が日常の多様な活動において用いている能力のことを指す。比較・類推能力を用いて、相違性、共通性から言語アイテムをカテゴリー化したりする。類似性をもとに分類され集められた言語材料はプロトタイプを中心とした構造を成す（Bybee 2010）。それらは、語彙であったり、構文であったりする。他動詞構文、二重目的語構文などもそうである。

　ここで、知覚、概念、知識、記憶における人間の能力と特徴を説明をしておく。

知覚－ゲシュタルト
　人間の知覚でほぼ普遍的であると認められるものに、ゲシュタルトがある。ゲシュタルトは、全体は単なる部分の総和ではなく、それ以上の意味をもつ。つまり、人間は、部分を1つずつ組み立てて全体を把握しているのではなく、全体を認識してから部分を理解するということである。例えば、縦長の楕円があって、その中の中央部に小さめの円が2つ並んで描かれている時、人間は、何らかの意味を与えながら体制化する。それを「人の顔」として知覚すれば、「人の顔」として知覚された図形がゲシュタルトとなり、楕円の中の小さな2つの円は「目」として2次的に規定される（辻編 2013参照）。つまり、人間は、主体的に意味を全体に付与し把握するのである。

　言語習得に関しては、構文の場合、子どもは言語の単位に分けて場面を理

解するのではなく、最初は一連のことばの繋がりを場面全体に結びつけて構文の意味を学習する。構文文法（Goldberg 1995）によると、構文は経験を通してゲシュタルトとして知覚した事態と直接結びつけて学習されるものなのである。

概念－プロトタイプ

　人間は、事物や事象の同定や差異化を行う。そしてそれらの共通性や関係性に基づいて一般化し1つの概念にまとめ上げる。このことをカテゴリー化と呼び、その心的所産がカテゴリーと称される（辻編 2013）。このように概念はカテゴリー能力により形成されるわけであるが、概念形成においてはプロトタイプ理論が有名である。プロトタイプ理論（Rosch 1973）によれば、概念はプロトタイプ（典型的なメンバー）と典型性が異なる周辺的メンバー（非典型的なメンバー）から形成されているということである。例えば、果物と言えば、りんごは誰しも即座に想起するプロトタイプであると認めることができるが、いちじくは果物を代表するものとは誰も思わない。また、鳥と言った場合も、ペンギンがプロトタイプであるとは誰も思わないであろう。このようなプロトタイプの概念は言語習得においても応用されており、プロトタイプから習得されるという知見が報告されている。

知識－スキーマ

　それでは獲得された知識はどのように貯蓄されるのであろうか。人間は、経験により積み上げられた知識を一般化し、かつ構造化したスキーマという抽象的な知識をもっているとされている。つまり、スキーマとは、知識を経験に基づいて抽象化、構造化し、鋳型、規範の状態に組みかえられた知識形態を指す（河上編著 1996）。言語知識も、抽象化と構造化により生成されたスキーマとして記憶される。

記憶-チャンク

　固まりで記憶することを、認知科学においてはチャンクと言う。チャンクで記憶することは、記憶容量との関係から効率的な処理であるとされている。つまり、人間の情報処理容量は決まっているため、「言語処理過程において、1つ1つ語に注意を向けるのではなく、1つのユニットとして処理することによって、それを認識したり産出したりするのに要する時間を節約することができる」(門田 2003：251)ということである。

　例えば、動詞と名詞が共起しやすいことを知っていることで、動詞と名詞がチャンクとなり、1つの単位として容易に記憶できる(門田 2002)。言語は、インプットから取り入れた情報を貯蔵する。そして、産出時に、一旦貯蔵された情報を迅速に検索して使うというプロセスが必要である(小柳 2005：27)。チャンクを基にインプットやアウトプットがなされると、その作業が容易になる。しかし、このような合理性と共に、チャンクの記憶における不利益が指摘されている。つまり、フレーズを1つのチャンクとして貯蔵すると仮定すると、かなりの数のチャンクを記憶しなければならず、余剰性も高くなり、記憶という観点では効率的とは言えないということになってしまう(門田 2003)。チャンク、つまり一まとまりの固まりで習得することには2つの側面があるということになる。

　以上、一般認知能力と人間の情報処理において重要な知見と思われるゲシュタルト、プロトタイプ、スキーマ、チャンクについて述べた。

3.2.4　用法基盤モデルの言語習得プロセス

　それでは、実際、言語はどのように習得されていくのだろうか。本書3.2.1の3の「用法基盤モデルの習得プロセスはどのように進むのか」という問いについて述べる。

3.2.4.1 共同注意

　L1幼児は、生後9ヶ月頃になると、対話者と同じ物を見て、対話者の意図を読み取るようになる。これは、「共同注意」と呼ばれる。このような自分、対話者、物の3項関係から成る共同注意場面（フレーム）において、L1幼児は、対話者が指さしなどによって指示した物（意味）と、同時に産出した音（形式）を結びつけ、ことばを獲得していくのである。自分と対話者の2項関係が3項関係へとコミュニケーションのし方が変化することは9ヶ月革命と言われる。

　例えば、子どもが犬と遊んでいる場面で、母親が「犬だね」と言った場合、2つの理由で学習が起きる（Roland 2013）。第一に子どもと母親が一緒に犬を見ている、そして双方共、相手が犬を見ていることを知っている。第二に、子どもは、母親の意図が目の前の生き物にラベルを貼ることであると気づいている。この2つのことから、子どもは、「犬」が目の前にいる動物のラベルであることを理解する。

　ここでは、次に挙げる3つのメカニズムが学習を支えている（Roland 2013）。

　第一　注意メカニズム

　注意を引くものにラベルを貼る。新奇な物、際立つ物、あるいは対話者が興味を示している物であるかもしれない。

　第二　記憶システム

　単語を適切に使用するために、さまざまな使用コンテクストを記憶する。

　第三　クロス・シチュエーショナル学習

　状況を表すことばと状況間で関連することを覚えていて、どの物あるいは出来事が状況に共通するのかに注意する。

　このようにL1幼児は親や周囲の者との密接な関係性の中から「ことばの音」と「状況における意味」とのマッピングを行っていくのである。

　Tomasello（2003）によると、L1幼児は発話意図の読み取りとパターン発

見により統語や構文の知識を確立させていくという。パターンとは言語要素を配列する型である。構文をどのように獲得するのかについて、次（本書3.2.4.2～3.2.4.4）に詳しく説明する（Tomasello 2003参照）。

3.2.4.2　シーンの概念化と対応する言語表現

　L1習得の多語期は生後18～24ヶ月と言われている。発話は、社会生活を形成する様々なシーンを理解することから始まる。シーンは参与者（participants）の状態や事態を含む一まとまりの概念であり、子どもは、1歳までに日常生活からいくつかの特定シーンを概念化することができるようになるという（Tomasello 2003）。例えば、次のようなシーンである。

　　例
　　「操作活動のシーン」（manipulative activity scenes）
　　　　　　押す、引く、物を壊す
　　「図と地[10]のシーン」（figure-ground scenes）
　　　　　　対象物が上がる、下がる、中に入る
　　「所有のシーン」（possession scenes）
　　　　　　物をもらう、あげる、持つ

　子どもは、発達が進むにつれて、このような(1)特定シーンを様々な構成要素に分け、そして異なった言語シンボルで各要素を表すようになり、(2)構成要素がシーンにおいて果たす役割を表すために、語順、格表示といった統語シンボルを使用するようになる（Tomasello 2003）。その後で様々な種類のシーンを類推によりカテゴリー分けするようになるということである。

3.2.4.3　構文を習得する意味

　発話された構文は、シーンに直接対応するもので、一貫したコミュニケーション機能をもち、ルーチン化されたものである（Tomasello 2003）。発話行

10　人間は知覚において相対的に重要なものとそうでないものとに分ける。前者を図、後者を地と言う。

為[11]の目的と視点を含む。つまり、子どもにとって構文は、経験したシーンを全体（一まとまり）で捉え、シンボル化した「意味語用論的パッケージ」である（Tomasello 2003）。「意味語用論的パッケージ」という表現からは、言語の習得が、単なる形式と意味の結びつきではなく、発話者の気持ちや視点をも含み、ディスコースなどによって異なるコンテクストに依存した機能を学習することであると主張されていることがわかる。

例えば、日本語には迷惑受身があるが、「～が足を踏んだ」と表現した場合、その中には迷惑な意味が含まれていない。「～に足を踏まれた」と視点を変えた表現を用いると、その中に迷惑な意味を表すことができるのである。これも経験の中で、受け身形により感情を表出できることを知るのであろう。

3.2.4.4　多語文の発達－語結合、ピボット・スキーマ、アイテムベース構文、抽象的構文

1語文の産出は生後12ヶ月頃から、そして2語文以上の多語文の産出は生後18ヶ月～24ヶ月頃から始まると言われる。

Tomasello（2003）によると、英語の多語文は、①語結合（word combination）、②ピボット・スキーマ（pivot schema）、③アイテムベース（item-based）構文、④抽象度の高い規範的構文と発達していくという。表3-1の左列に英語の例を記載した。さらに、日本語ではどうなるであろうか。大久保（1967, 1975）によれば、1歳前後は1語文の時期、1歳半前後は2語文発生の時期、2歳前後は第1期語獲得期、2歳半前後は多語文、従属文の発生時期、3歳前後は文章構成期、3歳から4歳は一応の完成期ということである。助詞の習得については、村田（1983）が3歳くらいまでには主な助詞はほぼ習得されると述べている。格関係は、英語は主に語順で、日本語は格助詞と語順で表す（ただし、後述するように、日本語は語順が比較的自由である）。英語

11　発話によって遂行される行為。

第 3 章 先行研究　29

表3-1　1語文から抽象的構文に至るまでのプロセス

段階	英語の例	日本語の例
1語文 (生後12ヶ月頃)	語 (具体物) 例) Ball 　　Milk	語 (具体物) 例) ボール 　　ミルク
語結合 (生後18ヶ月頃)	語 (具体物) + 語 (具体物) 例) Ball　table	語 (具体物) + 語 (具体物) 例) ボール　テーブル
ピボット・スキーマ (生後18ヶ月頃)	軸語 (事象) + □ (対象物) □ (対象物) + 軸語 (事象) 例) More (再出現の要請) + □ (欲しい物) 例) □ (欲しい物) + more (再出現の要請) ＊語順は一定せず、格を表さない。	軸語 (事象) + □ (対象物) □ (対象物) + 軸語 (事象) 例) もっと (再出現の要請) + □ (欲しい物) 例) □ (欲しい物) + もっと (再出現の要請) ＊語順は一定しない。 初期は格を表す助詞が存在しない。
アイテムベース 構文 (生後24ヶ月頃)	□ + 語 (動詞) 例) □ (食べる人) + eat + □ (食べる物) ＊語順が一定し、格を表す。	□ + (助詞)「が」) + □ + (助詞「を」) + 語 (動詞) 例) □ (食べる人) + (が) + □ (食べる物) + (を) + 食べる ＊格助詞が出現し始める。
抽象的構文 (生後36ヶ月頃)	主語 + 動詞 + 目的語	主語 + (が) + 目的語 + (を) + 動詞 ＊3歳後半から語順の正確な意味を、4歳前後から格助詞の正確な意味を理解し始める。

ではアイテムベースの段階で、語順により格関係を表すようになる。一方、日本語の場合、この時期に格関係を表す助詞が産出され始める（大久保 1967; 綿巻 2005）。そして、3歳後半以降は語順により、4歳前後以降は格助詞により、文の意味を正確に理解し始めるという（岩立 1994）。表3-1の右列に日本語の例を記す。

次に、語結合から多語文への発達について詳しく説明する。

多語から成る構文もまた社会認知的なスキルを用い、耳にしたことから創造する。語結合を行うために、子どもは、目的に向かって前もって概念を組み立て、多くの手順を踏まなければならないという（mental combination）（Piaget 1952）。構文ごとにその手順についてまとめる。

語結合の産出段階

語結合は生後18ヶ月頃から始まる。例えば、子どもは、テーブルの上にあるボールを指して、「Ball table」と産出する。この発話は、「ボールがテーブルの上にある」という意味で、場面にある具体物の名前を結合させただけの文である。日本語では、あめがお皿にのっているのを指して、「あめ　おさら」と産出する段階のことである。

子どもは、生後14ヶ月〜18ヶ月に、非言語行動において問題解決を行うことができるようになるという（Tomasello 2003）。生後14ヶ月の子どもは、大人が行う2〜3のステップからなる一連動作（積み木など）の模倣学習ができるようになる。この非言語行動において概念の組み立てができるようになることが語結合の基礎となっているということである。

ピボット・スキーマ生成の段階

やがて具体的な言語要素の結合から、抽象化が進み言語抽象の最初の型ができあがる。

子どもは生後18ヶ月頃になると、事象を示す語と対象物を結びつけた発話

を行うようになる。例えば、「More（事象を示す語）milk（対象物）」といった発話である。L1幼児は、「More milk」と産出することで、ミルクがもう一度、目の前に出てくることを予測して産出するのである。この場合、「more」は「出現の再要請（～がもっとほしい）」という意味機能をもつ。

子どもは、「more」を用いて、「More grapes」「More juice」といった多様な発話を耳にしたり産出したりするようになる。図3-2に示すように、「More milk」「More grapes」「More juice」といった事例が蓄積され、抽象化が進み、「more」をピボット（軸語）にした「More+□」といったピボット・スキーマ（Tomasello 2003）ができあがる。□の部分は多様な語がくることで抽象化し、スロット化した部分である。「More+□」のスキーマは、「出現の再要請（More）+様々な対象物（□）」という構造から成っている。このように1語を軸としたスキーマは、個々の語結合の抽象化を通して形成されるが、これは1歳児の感覚運動スキーマを形成する方法と非常に似ている（Tomasello 2003）。子どもは、同じ行動を様々な対象物に対して行い、感覚運動スキーマを形成する（Piaget 1952）。感覚運動スキーマは、様々な行動のすべてに一般化されることと、様々な要素のためのスロットの2つから成る。

日本語の場合、保育園で観察された事例で説明すると、「もっと　ミルク」「もっと　おさかな」「もっと　おちゃ」と産出する。これは、「もっと+□」という「もっと」をピボットにしたピボット・スキーマからの産出である。

図3-2　ピボット・スキーマの生成プロセス（橋本 2011b）

ピボット・スキーマの生成は語結合の段階より抽象化が進んでいる。

ピボット・スキーマのスロットに当てはめる言葉のカテゴリーは、ピボットとの関係から規定された具体的な役割である（Tomasello 2003）。例えば、「Throw X」の場合、X はピボットの「Throw（投げる）」との関係から「投げられる物」と具体的に定義される。日本語で言うと、「Y 食べる」（例えば「りんご 食べる」）「Z 読む」（例えば「お話 読む」）の場合、Y は「食べられる物」、Z は「読まれる物」と定義されている。

ただし、このピボット・スキーマの段階では、「Gone juice」「Juice gone」のように語順が違っていたりする。ちなみに、「gone」は幼児の文法では「目の前からなくなった（消失した）」ことを意味している。大人の文法（英語の文法）では本来語順が格を表すが、この段階ではまだ語順が格を表すには至っていないのである。

アイテムベース構文生成の段階

2歳前後の子どもは、語順に基づいて正しい意味を理解するようになる。このころになると、アイテムベース構文（Tomasello 2003）を産出できるようになる。アイテムベース構文のアイテムとは具体的な言語要素を指す。アイテムベース構文には統語機能が備わっている。

幼児が統語標識をどのように学習するのかは、はっきりわかっていないが、幼児がここで学習しなければならないことは、言語シンボルが世界に存在する物を述べるのに使用されるが、語順などは文法的な機能を示すために使用されるということである（Tomasello 2003）。しかも、文法機能は、数も種類も多く、世界に存在する物を表す言語シンボルに付随する形で現れるという性質があることも学習しなければならないという。

アイテムベース構文の統語標識は、動詞ごとに異なり（verb-specific）、どのように使用されているのか、耳にしたとおりに産出されているということである。最も基本的な英語の動詞 – 項構文（与格構文）は、1つあるいは複

数の基本動詞—「軽動詞」(light Verb) を中心に発達するという。

　子どもは、まだ、シンタグマティックなカテゴリー (syntagmatic categories)、つまり動作主 (agent)、被動作主 (patient)、受益者 (recipient)、場所といった分類はもっていない。そのため、子どもの視点では、「キスする人」「キスされる人」「壊す人」「壊される物」と、具体的なシーンごとに捉えられている。

　例えば、図3-3に示すように、「hit」構文の場合、具体的な言語要素である「hit」の前が「hitの主語（打つ人）」であり、「hit」の後ろが「hitの目的語（打たれる物）」といった具合に知識が獲得される。

　個々の動詞を超えた、抽象度の高い「主語 動詞 目的語」といった他動詞構文が形成されているのではなく、個々の具体的な動作を表すアイテム（例えば、「hit」「eat」など）ごとに構文が形成された状態にある。アイテムベース構文と言われる所以である。

　日本語で言えば、「食べる」構文の場合、図3-4に示すように、最初に「食べる人」がきて、次に「食べられる物」、最後に「食べる」がくるといった抽象度の低い構文となる。

　但し、英語と異なり、日本語の場合、語順は比較的自由であるため、必ずしも語順が統語標識であるとは言い切れない。日本語には格を表す助詞（格

hitの主語	+	hit	+	hitの目的語
打つ人		hit		打たれる物
カテゴリー		具体的要素		カテゴリー

図3-3　「hit」のアイテムベース構文

食べるの主語	+	（格助詞が）	+	食べるの目的語	+	（格助詞を）	+	食べる
食べる人		（が）		食べられる物		（を）		食べる
カテゴリー		（具体的要素）		カテゴリー		（具体的要素）		具体的要素

図3-4　「食べる」のアイテムベース構文

助詞）の存在があるが、格助詞は欠落することが多いため、格助詞の使用を尺度にして発達の段階を厳密に把握することが難しい。語順と格助詞の両者が補い合いながら、構文が形成されていくと思われる。

このように具体的な動詞ごとに構文が発達していくことを Tomasello（1992, 2003）は「動詞－島仮説」と呼んでいる。前述した「hit」構文、「eat」構文、「drop」構文などといったように、動詞ごとに構文が独立した状態にある。「島」とは、知識が語（動詞）ごとに独立しており、他の語（動詞）に関する知識と相互作用がない状態を意味している。

抽象的構文スキーマ生成の段階

3歳を過ぎると、動詞ごとに学習した知識が寄せ集まり抽象化が進み、抽象度の高い構文スキーマ（Tomasello 2003）ができあがる。例えば、図3-5に示すように、アイテムベースの段階で、「hitの主語＋hit＋hitの目的語」構文、「eatの主語＋eat＋eatの目的語」構文といった具合に動詞ごとに学習した知識が蓄積されて、「主語＋動詞＋目的語（SVO）」構文が獲得される。

日本語で言えば、「食べるの主語＋（が）＋食べるの目的語＋（を）＋食べる」を「食べる」構文、「切るの主語＋（が）＋切るの目的語＋（を）＋切る」を「切る」構文といった具合に、動詞ごとの知識が積み重なり合って抽

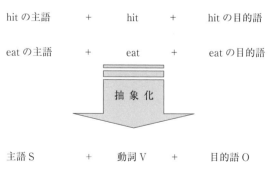

図3-5　抽象的構文の生成プロセス

象化され、「主語+（が）+目的語+（を）+動詞」という構文スキーマができあがる。

　日本語では、動詞形の研究において、個々の動詞ごとに独立した形で始まり、やがて複数の動詞がまとまって共通性を持ち始めるというローカル・ルールからグローバル・ルールへ進むという発達仮説を岩立（1992）が提示している。動詞によって動詞形の有無にばらつきがあることをローカル・ルール存在の証とみなしている。

　構文の発達については、動詞のみが主導的役割を担うという考えだけではない。子どもは、異なる種類の具体的な言語ユニット（例えば、人称代名詞や動詞形態素など）を基礎として構文を形成し一般化しているのかもしれないという指摘がある（Pine et. al 1998等）。このようなことからも、さまざまな言語アイテムを基盤としたパターンが報告されている。

3.2.5　用法基盤的アプローチと生成文法的アプローチの比較

　子どもの言語使用がどのように大人の文法へ繋がっていくのかについて、例外を考えることなく統一的に説明できたことが、この用法基盤モデルの言語習得研究史における大きな貢献と言えよう。最も興味深いのは、この繋がりが、人間の非言語期における出来事の理解と学習へ遡るということである。言語発達が、言語を産出し始めてから始まるのではなく、非言語期における経験の積み重ねから始まっていることになる。言語産出は、言語に直接関わる器官のみではなく、五感、つまりあらゆる器官を使って刺激を受け学習したことに基づき、あらゆる能力を駆使して辿り着くという。言語習得のメカニズムの追究には、発達心理学なども含み、学術的境界線を越えて、人間の発達の1つとして統合的に捉えることが大切なのであろう。

　用法基盤モデルの特徴として一番に挙げられるのが、生成文法のトップダウン的アプローチと異なり、経験からボトムアップ的に習得されるということである。つまり、最初は、場面ごとに言語表現が獲得されていくというこ

とであり、分析まで至っていない表現とコンテクストとのマッピングから習得が始まるということになる。語用論的な意味も含む具体例に基づいてルールが抽出されるのである。

本書3.2.1〜3.2.4の内容を踏まえ、用法基盤モデルの提唱する習得プロセスの特徴を生成文法と対照させて考えると、表3-2のようにまとめることができる。

表3-2　用法基盤的アプローチと生成文法的アプローチの違い

	用法基盤的アプローチ	生成文法的アプローチ
①インプットの役割は何か？	①インプットは言語習得のための分析材料である。	①インプットはトリガー（引き金）である。
②言語習得能力は何か？	②一般認知能力。経験に基づくために、かなりの量の言語材料を獲得した後で、一般化がなされる。	②生まれつき脳内に言語獲得装置をもつ。「刺激の貧困性」[12]がその証である。
③システムは単一か二重か？	③単一メカニズムで、初期はすべて語彙としての学習である。	③二重メカニズム（ルールと語彙）で、シンタックスとレキシコンの二分法である。
④どのようなアプローチか？	④非還元主義的アプローチである。	④還元主義的アプローチである。
⑤ルールの実態は何か？	⑤一般認知能力を介したスキーマ生成によりルールを獲得する。	⑤ルールが即時に語彙、文法全体に生産的に適用される。
⑥固まり学習の役割は何か？	⑥丸暗記の固まり学習は、言語習得の中心的役割を果たす。	⑥丸暗記の固まり学習は、言語習得の周辺的役割である。
⑦語彙と構造の習得はどのような関係か？	⑦断片的（つまり1つずつ）に、語彙ベースで、漸進的に構造を習得する。	⑦言語要素と構造が同時に出現する。
⑧文法は普遍的か？	⑧子どもがさらされている個別言語に基づく。つまり普遍的なものではない。	⑧核文法は、どの言語にも応用の利く普遍的なものである。

---

[12] 子どもが得られるインプットは限られており、大人から明示的訂正を受けることもないのに、子どもは正しくことばを学習する。生得的に言語能力を備えていると主張する理由。

3.2.6　用法基盤モデルを応用した習得研究
3.2.6.1　パターン発見とその進展を追究する研究

次に、この用法基盤モデルを援用した研究を以下にまとめる。「認知の過程と言語使用の変化を統合した理論」(Bybee 2010) と言われる用法基盤モデルを証明するために、パターン発見からその後のダイナミックな変容を示す研究が多い。

Eskildsen (2008) は、固まり表現から生産的パターンへの進展は、部分的に固定された表現に着目することで手がかりが得られると指摘している。実際に多くの研究で、どのような具体的な表現が使用されパターンやスキーマの生成に繋がるのか、プロセスの途上にはどのような言語インベントリが実在するのかを明らかにしている。その連続体を示すことで用法基盤的学習の軌跡を実証的に示している (Dabrowska & Lieven 2005; Lieven et al. 2009; Tomasello 1992, 2003)。

連続体とは、具体的な構文の実例（例えば、固定された多語表現 I dunno などの繰り返し）から、アイテムベースのパターン (MacWhinney 1975) の段階（例　I don't Verb）を経て、パターン内での共通性質に基づくスキーマ的構造 (NP do NEG VERB) へと進む事例ベースの発達のことである。レベルが異なるが、固まりで記憶した具体的な表現（例 my chapter）から、部分的に固定されたロースコープ（限定されたスコープ）のパターン（例 my+NOUN）、そして、より一般的で抽象的な構造（例 DETERMINOR+NOUN）へ進む軌跡も示されている (Bybee 2008; Dabrowska 2000; Dabrowska & Lieven 2005; .Ellis 2011; Goldberg 2006; Tomasello 2003)。

用法基盤モデルに関する研究は、近年では、L1幼児のみならずL2習得においても盛んになされている。その手法はコーパス研究 (Durant & Schmit 2009 等) が多いが、実験、筆記テストなどがある (Durrant & Schmit 2010)。中には、数量的分析も行いながら、質的分析の必要性を唱え、会話分析を補完的に取り入れたり (Eskildsen 2008)、フィールドワークによる観察も採用

したり（橋本 2006b 等）して、コンテクストと表現との関係性を重視した研究がある。

3.2.6.2　海外における研究－L1幼児、L2大人、L2子ども
L1幼児の研究

　L1幼児の研究では、次のような語結合やパターンの生成について報告され用法基盤モデルの道筋の妥当性が指摘されている。

　Tomasello et al.（1997）は、英語母語の子ども（1；6[13]〜1；11）10名に新奇語を教えた。その結果、子どもが既に習得している単語と結合させ、ピボット的操作を行ったことを明らかにしている。

　MacWhinny（1975）は、ハンガリー人の子ども2名（1；5〜2；2、1；11〜2；5）の発話を録音し、統語構造の発達を調査した。初期の言語能力が単語＋X、X＋単語のパターンとイントネーションのパターンから成ることを報告している。

　Lieven et al.（2009）は、英語母語の子ども（2；0）4名を対象としたコーパスと子ども1名（2；0）の1年間のデータを調査し、固定表現の繰り返しが減少していったことや、スロット付きの特定パターンが多く見られたことを指摘し、用法基盤の道筋に沿うものと主張している。

　Dabrowska & Lieven（2005）は、英語母語の子ども2名（2；0〜3；0、3；0）の自然発話を採集し、並置（juxtaposition）や重ね合わせ（superimposition）により、疑問構文のインベントリを構築させていったことを示している。構文の発達が抽象的なルールによるのではなく、インプットから語彙に基づく構文が学習されたことによると指摘し、このことから生得的な文法表象は不要であると主張している。

13　「数字；数字」は月齢を表す。「1；6」は1歳6ヶ月を表す。以下、同様とする。

L2大人の学習者の研究

　L2大人の学習者のパターン発見やその発達を示した研究には次のようなものがある。

　Eskildsen & Cadierno（2007）は、スペイン語話者の大人の英語学習者のdo-negation の発達を調査した。I don't know から次第に他の動詞や人称代名詞を使用するようになり、構文が抽象化されていくことを示している。事例ベースの習得（Ellis 2002）を支持する結果であると主張している。

　Bardovi-Harlig（2002）は、母語の異なる大人の教室学習者16名のL2（英語）の観察期間（11.5ヶ月）のライティングやティーチングの記録を基に、未来表現の習得について縦断的調査を行った。be going to について固まり表現からロースコープのパターン、そして構文へといった発達を示した。さらに、will が be going to よりも先に獲得されたことについて、先行研究の知見を踏まえ、次のように考察している。1）going to が長く連続した大きなユニットである。2）be を活用させなければならないため、形態上複雑である。3）形式と意味の連想の観点から、will はニュートラルな未来を表す。また、早期に獲得した固まり表現が同じ機能をもつ別の表現の獲得をブロックした可能性も指摘している。

　Eskildsen（2008）は、スペイン語話者のクラスルームでの大人の英語学習者（20代後半から30代初め、レベル A〜レベル D）のコーパスを調査した。学習者は、I can verb、Can you verb から、次第に Can I verb、You can verb といった具合に拡張し、表現が他の表現の足掛かりとなってパターンを創発することを指摘している。一般的なパターンは、相互に関係のある固まりが連動したり、絡み合いながら発達すると述べている。

　Eskildsen（2012）は、スペイン語話者の大人の学習者2名を対象に英語の否定構造の発達を調査している。2つの長期的ケーススタディ（2年、4年に及ぶ）である。繰り返しから言語資源のインベントリへと進展することが明らかにされた。ディスコースの中で2つの否定を表出するパターンの進展

を探り、ローカルな使用と長期学習は関連性があり、ローカルなコンテクストにおける使用がどのように拡がっていくのかを見る重要性を指摘している。1名の学習者は、I don't know、Subject don't verb、Subject no verbを産出し、別の学習者ではThis is no (t) xとSubject no is xの構文が競合していることを報告している。初期はアフォーダンス（環境）に依存し、次第に生産的スキーマへと進展していったことも指摘している。一方で、非規範のアイテムベースのno-is-パターンが定着していたことも報告し、母語転移の可能性を指摘している。加えて会話分析も行っている。Vygotsky（1934）の最近接発達領域の理論を援用し、社会的人間間の水準が個人の水準となり内化することを指摘している。

L2子どもの研究

L2子どもの研究においても、次に示すように、固まり表現が構文へと発達していくプロセスが報告されている。

Myles et al. (1998) は、11歳から13歳までのフランス語学習者（初級クラス）16名を対象に2年間追跡した。3つの固まり（jaime (I like)、jadore (I love)、jhabite (I live)）に焦点を当ててタスクを用いて調査した。学習者は固まり表現をたまたま産出する（＝Krashenの主張）のではなく、積極的に固まり表現に働き掛けることで、創造的構文構築を進展させていたことを報告している。固まり表現を漸進的に分解（分析）し、その一方で代名詞のシステムを構築していったことを指摘している。

Mellow (2006) は、刺激の貧困に基づく言語習得の問題について、アイテムベースの創発主義を主張している。スペイン人の子ども（12歳）に対し刺激を与え、ライティング資料を収集し、関係詞節の習得を明らかにした。初期は、特定の語彙アイテムについて構文を学習し、次第に新しい語彙アイテムにも構文を適用することで、構文を拡張させ発達させていったことを示している。

3.2.7　用法基盤モデルの習得についての考え方

用法基盤モデルを支持する様々な研究において、習得を促進する要因について知見が提示されているので、ここでまとめておく。

3.2.7.1　定着ートークン頻度とタイプ頻度

前述したように、学習者の頭の中には、スキーマ的なインベントリが想定されるのだが、インベントリにおける構文の実在度は定着と言われ、定着度はトークン頻度やタイプ頻度によって推し測ることができる。トークン頻度とは特定の形式を何度産出したのかという総産出数のことであり、タイプ頻度は特定の形式が他のアイテムと結合する際のアイテムの種類数、つまり異なり数である。

定着度の中でタイプ頻度は、抽象性とスキーマ度、つまり、創造性、生産性を示す。パターン（スキーマ）についても同様で、特定パターンで使用される語彙数が多い、つまりタイプ頻度が高いとそのパターンの生産性が高いと言える（Bybee & Thompson 1997; Ellis 2005）。

定着度は、使用により正の影響がもたらされ、不使用により負の影響がもたらされる。新しい構造は、使用が繰り返されることでユニットになる（Langacker 1987）。負の定着は、習得をブロックし、ルールやスキーマの直接的否定証拠として機能することになる（Mellow 2006；Stefanowitsch 2008）。

定着（entrenchment）とは、ルーチン化、自動化、習慣化といった表現に言い換えることができる。entrench は溝ができるように地面を掘ることを意味し、記憶が残る様子を喩えている。一度でも認知的処理がなされると痕跡が残り、再生が容易になるということである（Langacker 2000）。トークン頻度がなぜ定着に結びつくのか、記憶のメカニズムから説明が可能である。アクセスが繰り返されることで記憶が固定する。そして、一端固定されると検索のたびに再活性化する（Bybee 2010）。さらにこの効果は、解析能力の向上に繋がるという。それは、ワーキングメモリにおいてアクセスが自動化す

ればするほど、言語使用がスムーズになり、メッセージの意味分析に注意資源を割くことができるからである。そして長期記憶に留まった知識は文法を獲得するためのデータベースとなる（Ellis & Sinclair 1996）。

Bybee（2006）は、頻度の影響を、次の3つにまとめている。
1) 短縮効果－高頻度の単語やフレーズは、産出の自動度を高めるために音声短縮を引き起こす。
2) 保存効果－高頻度のシーケンス（形態素や単語の連なり）は、ルールに対する耐久性をもち、他のルールの影響を受けない。反復使用されたシーケンスはより大きな定着度と強度をもつ。例えば、went は頻度が高いので ed を付加するというルールには巻き込まれないということになる。
3) 自動化－高頻度のシーケンスは、内部構造を失う可能性がある。例えば、be going to の意味は、その構成要素 be、go、to の意味から離れて考えられるようになる。

こういったことからも、頻度が高いとルールの獲得が進んでいるのかというと一概にそうではないことがわかる。上記2からは、特定表現の頻度が極端に高いと固定してしまい、上記3からは、抽象構文へと繋がっていかない。全体としての意味が際立ち、内的構成要素への注目がなされなくなってしまう。例えば、Gimme-that や there 構文も構文島のままであり、二重目的語構文や命令形へと抽象化が進まない。

3.2.7.2　習得に影響する要因－卓立性、新近性、初頭効果

他にも言語の習得プロセスを理解する方法がある。橋本（2011b）においても、卓立性や新近性の効果といった習得を促進する要因が確認されている。

L2学習の研究では、発達が頻度だけではなく、卓立性によって学習者の注意を引く程度、学習者が形式に意味を当てはめる信頼度によることが指摘されている（Larsen-Freeman 2011）。卓立性とは、英語では salience、日本語では「際立ち」とも言われ、「認知文法の意味極、もしくは音韻極において、

ある特定の部分構造が焦点化されている度合を指す」(辻編 2013)。

　Peters (1983) は、L1幼児がユニットを抽出する時、「卓立性のあるチャンクを抽出せよ」という操作原理が働くことを指摘している。Slobin (1985) の卓立性のある言語が初期に習得されるという主張にも通じる。もちろん、インプットが外界の広範囲に分布することも卓立性が高いと言える。Peters (1983) は、卓立性があるものとして、意味的透明性、区切りがわかるもの、イントネーション、リズム上際立つもの、強調されたシラブルなどを挙げている。

　これに関連し、母語によってリズムの嗜好が異なることから卓立度が異なることも考えられる。たとえば、Jusczyk, Cutler & Redanz (1993) は英語には強 - 弱のアクセント・パターン (例doctor) が多いため、生後9ヶ月以降のL1幼児がこのパターンを好むようになると述べている。橋本 (2006b) においては、英語母語の幼児がこのアクセント・パターンをもつ日本語の表現を好み、先に習得する可能性を指摘している。

　新近性の効果とは、人間の記憶の関係で最後に提示されたものの再生率が良いことである。文末表現が記憶に残ることが考えられる。例えば、橋本 (2006b) においては、「ちゃった」が早期に産出されていたが、「ちゃった」がL2幼児の記憶に残った1つの原因として文末位置の影響を挙げている。また、この新近性の効果と共に、初頭効果といったものもある。これは反対に、最初に提示されたものが記憶に残るという意味である。例えば、L2幼児が初期に「から」よりも「だって」を理由標識として使用していた (橋本 2015)。これも1つには初頭効果の可能性が考えられる。

　さらに、result (結果)、change of state (状態の変化)、endpoint (終結点)、goal (ゴール)、boundary (境界) を表す表現には卓立性があり、多くの言語のL1幼児が早期に習得していることが報告されている (Shirai, Slobin & Weist 1998)。日本語で言えば、「た」や「ちゃった」も「状態の変化」を表し、早期に習得されている (橋本 2006b)。

また、三人称単数現在のsの習得はむずかしいことが指摘されているが、これも卓立性により説明が可能である。動詞に後続し、前後音と融合しがちな形態素のsよりもtodayのほうが大きな単位で知覚されやすく卓立性があるという理由である。双方とも現在時制の手掛かりを与えるのだが、todayが目立つ分sが目立たなくなり、sの習得が阻止されてしまうという（Ellis 2008b）。日本語学習者が、過去のことを表すために、「昨日」といった時間副詞でテンスを表現し、同様に過去テンスを表す動詞形態素の習得が遅れることも説明がつく（例 昨日、行く）。また、L2幼児もL2大人も機能に対応する1つの表現を獲得すると、その表現に固執し長期間使い続けることが報告されている。つまり習得が進んでいかない。このような早期に獲得した表現が他の形式の習得を阻止してしまう現象はプリエンプション（先取りして阻止すること）（preemption）と言われる。単純ではあるが構文を習得する時に働くメカニズムとされている（Brooks & Tomasello 1999; Brooks & Zizak 2002）。

3.2.8　用法基盤モデルの日本語習得への応用

それでは、英語において提唱された用法基盤モデルは日本語のL2習得にも有効なのであろうか。

3.2.8.1　「スロット付きスキーマ合成仮説」

日本語においては、橋本（2006b, 2007, 2008a, b, 2009, 2011a, b 等）が、ピボット・スキーマ（Tomasello 2003）の概念を援用し、機能語（辞）（テンス・アスペクト辞、可能辞などの接辞、助詞など）、内容語（名詞、動詞、形容詞など）をピボットにした「スロット付きスキーマ」が生成され、「合成」されることで、より大きな構造が構築されていくという「スロット付きスキーマ合成仮説」を提示している（図3-6参照）。例えば、「食べ」といった動詞の語基をピボットにした「スロット付きスキーマ」と「られる」といった接辞をピボットにした「スロット付きスキーマ」が合成されることで、可能形の「食べられ

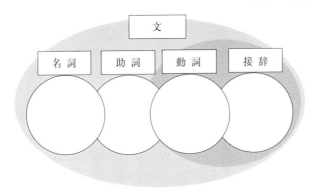

図3-6　スロット付きスキーマ合成仮説（橋本2011bを修正）

る」ができあがることを指摘している。Tomasello（2003）のピボット・スキーマは語レベルであったが、橋本の提示した「スロット付きスキーマ」は形態素など、様々なレベルと抽象度の要素を含むものである。橋本（2011b）は、用法基盤モデルが日本語のL1およびL2習得の説明においても有効であることを示している。

　本研究においては、この仮説を基に研究を行う。この仮説は動詞形と助詞に関わる文法現象から導きだされたものである（橋本 2011b）。L2幼児を対象とした先行研究において、具体的にどのような現象が見られたのか、そしてそれらはどのような機能をもち構文構築に貢献していたのかを次に説明する。

3.2.8.2　「スロット付きスキーマ」の種類と機能

　まずは、「スロット付きスキーマ」の種類をまとめ、その後で、それらの機能を説明する。

述語形に関する「スロット付きスキーマ」

　ここでは、述語形に関する「スロット付きスキーマ」について、橋本（2006b, 2007, 2008b, 2011a）の研究結果に基づいてまとめる。

(1) 接辞側の固まり学習

接辞側に固まり学習が見られ、接辞部をピボットとした「スロット付きスキーマ」の生成が確認されている。

①接辞部の固まり

接辞部がひと固まりのユニットとして使用されていた。次に例を示す。

例 「ちゃった」、「だった」

②接辞部をピボットとした「スロット付きスキーマ」の生成

接辞部をピボットとした「スロット付きスキーマ」の生成例を次に示す。

例 ｛□+ちゃった｝（「ピンクちゃった」「Cat ちゃった」「Speak Japanese ちゃった」「できるちゃった」）
　　｛□+だった｝（「小さいダッタ」「テレビだった」「見せてだった」）
　　｛□+た｝　（ついたた）
　　｛□+できる｝（「振ってできる」「食べてできる」「逃げてできない」「作ってできる」「待ってできる」「入ってできる」「ついてできる」「歩いてできない」「教えてできない」）

(2) 語基側の固まり学習

語基側においても固まり学習が見られ、「スロット付きスキーマ」の生成が確認されている。

①語基部の固まり

動詞や形容詞などを固まりで記憶し、「スロット付きスキーマ」のスロットの中へ当てはめていた。形は規範ではないが、固まりで記憶した語をゼロ機能の原形の如く捉え、意味のみを表すために産出しているものである。橋本（2006b 等）は「仮原形ストラテジー」と称しており、橋本の一連の研究においてこの現象が確認されている。仮原形ストラテジーとは、例えば「食べて」を固まりで記憶し、「食べる」という動作内容のみを表し、「食べてちゃった」と産出することである。次に例を示す。

例 「できる」（固まり）+ ｛□+ちゃった｝ ⇒ 「できるちゃった」（できちゃった

の意味)
「小さい」(固まり) + |□+だった| ⇒「小さいだった」(小さかったの意味)
「ついた」(固まり) + |□+た| ⇒「ついたた」(ついたの意味)
②語基部をピボットとした「スロット付きスキーマ」の生成
　語基部をピボットとした「スロット付きスキーマ」の生成例を次に示す。
　例　|食べて+□|　(「食べてしょ」「食べてた」「食べてできる」)
　　　|食べ+□|　　(「食べしょ」)
(3)　語基・接辞をピボットとした「スロット付きスキーマ」の合成
　動詞・動詞接辞をピボットとした「スロット付きスキーマ」がそれぞれ生成され、双方が合成されることを確認している (橋本 2006b)。Langacker (2000) は動詞、そして構文構造もスキーマ化し、双方が重なり合って存在していることを指摘している。部分構造が統合され複合構造が作り上げられることを合成 (compositon) という認知スキルによって説明している。例えば、二重目的語構文の場合、動詞という語彙 (例 send) に関するスキーマと、二重目的語構文に関するスキーマが存在しており、双方が重なり合って存在しているということである。つまり、send+NP+NP といった send のスキーマと V+NP+NP といった構文スキーマとが合成しているということである。橋本 (2006b) においては、この合成の概念を形態素レベルに援用している。動詞、形容詞などをピボットとした「スロット付きスキーマ」と、接辞をピボットとした「スロット付きスキーマ」の合成である。図3-7に示す。

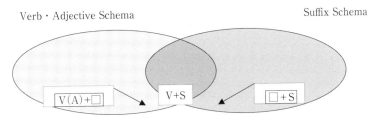

図3-7　述語構造の構築－動詞・形容詞スキーマと接辞スキーマの合成
　　　 (橋本 2006b: 34, 図6 に加筆修正)

名詞句（助詞）に関する「スロット付きスキーマ」

　ここでは名詞句（助詞）に関する「スロット付きスキーマ」について橋本 (2008a, 2009, 2011b) の研究結果に基づいてまとめる。

(1)　助詞を含む固まり学習

　助詞を含む固まり学習が見られた。次に例を示す。

①句レベル以上の固まり

　名詞と助詞、あるいは文がひと固まりのユニットとして使用されていた。次に例を示す。

　　例　「ここは何」（文の固定表現）
　　　　｜これは＋□｜（「これは箸」）
　　　　｜ぼくは＋□｜（「ぼくはライオン、ぼくは海老フライグループ」）
　　　　｜これが＋□｜（「これが持って」）

②助詞をピボットとした「スロット付きスキーマ」の生成

　助詞をピボットとした「スロット付きスキーマ」の生成例を次に示す。

　　例　｜□＋は＋□｜（「アンパンマンポテトは焼き芋」「ソーセージは茶色じゃない」）
　　　　｜□＋の＋□｜（「ちっちゃいのアリ」）
　　　　｜□＋が＋□｜（「黄色がバナナ」）

(2)　句の構造化

　句レベルの固まりの名詞部分がスロット化し、構造化がもたらされる。「□（名詞）＋□（助詞）」という構造スキーマが獲得される。次に例を示す。

　　例　「ぼくの」⇒｜□＋の｜（構造化）
　　　　「これが」⇒｜□＋が｜（構造化）
　　　　→｜□（名詞）＋□（助詞）｜（構造スキーマ）

(3)　名詞・助詞をピボットとした「スロット付きスキーマ」の合成

　名詞・助詞をピボットとした「スロット付きスキーマ」がそれぞれ生成され、双方が合成されることを確認している（橋本 2008a 等）。これも Langacker

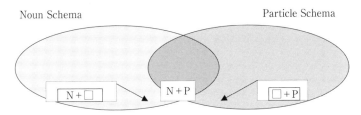

図3-8 句構造の構築－名詞スキーマと助詞スキーマの合成

(2000)の合成の概念を援用したものである。図3-8に示す。

以上、異なるレベルの多様なユニットをピボットとした「スロット付きスキーマ」の生成と合成に関する事例をまとめて示した。次に、「スロット付きスキーマ」の果たす機能について検討してみる。

「スロット付きスキーマ」の機能

「スロット付きスキーマ」の機能として次の4つが考えられる。

(1)コミュニケーションにおける機能

まずはコミュニケーションにおける機能が考えられる。例えば、「食べてできる」で「食べられる」という可能の意味を表し、「食べてできた」で「食べた」という完了の意味を表していた。規範形を習得する前に、自分が獲得した断片的なことばを用いて、早期に形式と機能がマッピングした「スロット付きスキーマ」を生成し、意図を伝えたと言える。L2幼児はL2についての知識がない状態で日本の幼稚園に通い始めるが、なんとか友達とコミュニケーションをとりたい、コミュニティの仲間入りをしたいと考える。「スロット付きスキーマ」は、言語能力が低い場合でもコミュニケーションをとることを可能にする。

(2)構造化における機能

名詞句を固まりで最初に獲得し、助詞などをピボットとした「スロット付きスキーマ」を生成しスロット化することで、名詞句に構造化がもたらされ

ていた。構造化は形態素レベルでの学習とも言える。

(3)規範形獲得における機能

橋本（2006b, 2007 等）においては、ボトムアップで作り上げたルールである「スロット付きスキーマ」からの産出と、固まりで捉えた規範形の産出を相補的に行っていた。さらに次の例3-1に示すように、「スロット付きスキーマ」からの非規範的産出をモニタリングにより規範形に置換させるという操作も推察された。

3-1)「ぼく、入ってできない」〔アリの巣に自分が入れない〕と産出後、「ぼく、入れない」と言い直す（〔 〕内は発語意図を示す。以下、同様）。

「スロット付きスキーマ」からの産出（例 食べてちゃった）と、固まり学習による規範形の産出（例 食べちゃった）が相補的になされ、「スロットと付きスキーマ」は、ボトムアップ的に作り上げられた暫定的ルールとして機能し、次に暫定的ルールの検証がトップダウンで行われることになる。図3-9に示す。これは「スロット付きスキーマ」と固まり学習との相互作用による習得を意味する。

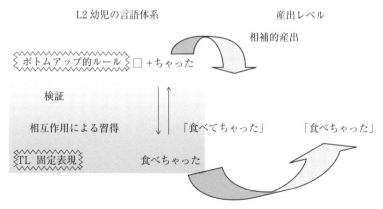

図3-9　ボトムアップ的ルールと固定表現からの相補的産出と習得（橋本 2011b）

⑷構造の発達における機能

　前述したように、動詞・接辞をピボットとした「スロット付きスキーマ」の合成（橋本 2006b, 2007, 2008b）、名詞・助詞をピボットとした「スロット付きスキーマ」の合成（橋本 2006b, 2008a, 2009）が確認されており、個別的な発達を超えて文構造にまで発達を促すものは、これら「スロット付きスキーマ」の合成ということになる。文構造は、多様な言語ユニットをピボットとした「スロット付きスキーマ」が生成され、合成することで成り立っていると言える。図3-10にスキーマの合成による構造の発達を示す。これは、Pine

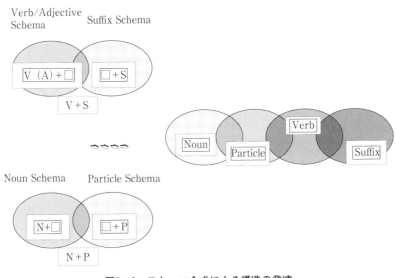

図3-10　スキーマ合成による構造の発達

et. al（1998）の、動詞だけではなく卓立性のあるマーカーを中心に知識が組織化されていくという知見にも沿う。

　それでは次にこの「スロット付きスキーマ」生成の観点から、L1幼児とL2幼児の異同について考えてみる。

3.2.8.3 「スロット付きスキーマ」の観点から見た L1幼児と L2幼児の習得

ここでは、主に「スロット付きスキーマ」生成の段階性に焦点を当てて、L1幼児と L2幼児の共通性と差異を述べる。

L1幼児と L2幼児の共通性と差異

L1、L2の習得においては、ともに「スロット付きスキーマ」(橋本 2006b, 2011b 等)の生成と合成を通じて言語構造が構築されていく。例えば、橋本(2009, 2011b) では、L2幼児 B児（4：1～5：4）、K児（3：6～5：3）、M児（4：10～5：9）[14]の発話中の助詞を分析し、次のような習得順序を明らかにした。

第一段階：助詞を含む表現をひと固まりで習得
　　　　　句の固まりをピボットとする「スロット付きスキーマ」の生成
　　　　　（|ぼくの+□|、|これが+□| など）

3-2)（ポシェットを見せながら）「ぼくの、これが、持ってて」〔ぼくは、これを持ってる〕（M児　2005年11月期）（（　）内の時期は産出時期を示す。以下、同様）

第二段階：分節化により助詞を抽出
第三段階：助詞をピボットとする「スロット付きスキーマ」の生成
　　　　　（|□+の+□|、|□+は+□|、|□+と+□|、|□+に+□| など）

3-3)（トンボを指しながら友達に向かって）「よし、ちっちゃい<u>の</u>トンボ」（M児 2005年12月期）

第四段階：スキーマの合成により大きなレベルの言語構造を獲得

例3-3のような「の」の過剰般用はL1幼児にも見られることが知られてい

14　調査対象児のプロファイルについては本書第4章（4.2.6）参照のこと。

る（岩立 1992 等）。これもやはり「スロット付きスキーマ」の生成として説明できる。

　しかし、L1幼児とL2幼児の習得に関する研究の知見を対照させつつ精密に追究していくと、両者の相違も浮かび上がってくる。

　L1幼児とL2幼児の第一の違いは、L1幼児よりもL2幼児の方がスキーマ生成による創造的産出が早いことである。例えば動詞形を取り上げると、L1習得研究では次のようなことが言われている。永野（1952）は、活用語ごとに特定の活用形を覚え、それらの積み重ねから活用形の法則（活用系列）が形づくられ、誤りは他形式の活用からの類推に起因する法則的な誤りであるとする。また、岩立（1992）は、L1幼児（2：1～2：8）を対象に動詞形を分析し、「食べる→食べるの→食べるのよ」のように「新動詞形＝古動詞形＋形態（素）」という過程で習得するという「くっつき説」を提示している。岩立はこの説の問題点として、「食べて」の前に「食べ」が産出されていないことを指摘している。この現象は、語幹ではなくまずは活用形を固まりで獲得しているのではないかと推測される。

　この2つの研究からは、L1幼児はまず動詞ごとに異なる活用形を固まりで学習し、次の段階で動詞形全体に関わるルール生成と過剰般用を行っていると見られる。ちなみに、この「くっつき説」も、ある意味では|□＋の||□＋(の)よ|といった終助詞をピボットにした「スロット付きスキーマ」の生成と言えるのかもしれない。

　それではL2幼児はどうであろうか。橋本（2006b 等）では、L2幼児のタ形に焦点を当て、L2幼児K児（3：6～4：3）と、対照データとしてL1幼児H児（1：9～2：7）の発話を分析した。その結果、L2幼児については、タ形産出には3つの急騰期が見られ、それが順次生起したチャッタ、ダッタ、タをピボットとするスキーマの過剰使用による非規範形の産出に起因することが明らかになった。例3-4、3-5は第一急騰期に見られた|□＋ちゃった|というスキーマの過剰般用の例である。

3-4)（自慢げに髪留めを指して）（（　）内は発話状況を示す。以下、同様）
「ピンクちゃった」〔ピンクのピンだよ〕（2003年11月期）
3-5)（図書室から借りて来た本を見せて）
「Catちゃった」〔「のんたん」（猫が主人公の本）を借りた〕（2003年11月期）

　第二、第三急騰期には｛□＋だった｝（例 見せてだった）、｛□＋た｝のスキーマ（例 作ったった）の過剰般用が見られたが、これも｛□＋ちゃった｝というスキーマを踏まえて生成されたものと推察される。

　チャッタのスロット内には、例3-4、3-5のような名詞や英語、動詞の非規範形（例 できるちゃった）も入れている。スロット内の形態の推移について調査を進めてみると、「①スロットに何でも入れる⇒②動詞を入れる⇒③規範形を獲得する」という段階性を捉えることができた。このことは、L2幼児が、卓立性の高い言語ユニットをピボットにした「スロット付きスキーマ」を早期に生成し、それを暫定的ルールとして生産的産出を行っていることを示唆している。これに対し、L1幼児には、チャッタとタの一方の極端な使用やダッタの産出は見られない。L2幼児のチャッタの規範的な産出が僅かであったのに対し、L1幼児の方は形態および意味において規範の産出がほとんどであった。やはり、L1幼児の場合は、初期は動詞形を固まりで十分に学習し、そこから動詞形全体に関わるルールを抽出するという形で漸進的かつ保守的に進むと言える。

　L1幼児とL2幼児の第二の違いは、L2幼児にはL1とは異なるスキーマ生成の段階が見られることである。橋本（2007 等）では、可能形に焦点を当て、L2幼児B児（4：1～5：1）、K児（3：6～5：3）、M児（4：10～5：11）と、対照データとしてL1幼児Y児（1：11～3：1）の発話を分析した。その結果、L1幼児では次のような過程を経ることがわかった。分析の分類基準は次のとおりである。①「できる」－「できる」のみ、②動作内容を表す語＋「できる」（例 勉強できる）、③可能動詞（例 しゃべれる）、④reru形式－五段動詞の「行かれる」、ら抜き言葉（例 見れる）、rareru形式の非規範形

（例 食べれる）、⑤ rareru 形式（例 食べられる）⑥動詞単純形−可能の意味の動詞単純形の使用（例 食べる（食べられるの意味））。

第一段階：「できる」、動詞単純形による表出
第二段階：可能動詞
第三段階：|□＋reru| スキーマの生成（例 書けれる（Y児2：5））
第四段階：|□＋rareru| スキーマの生成

この順序は、渋谷（1994：30）が提示した習得順序（可能の概念・可能形式理解能力獲得⇒可能動詞獲得⇒「られる」獲得⇒可能動詞と「られる」の混交）に概ね沿うものである。
これに対し、L2幼児の習得順序は次のとおりだった。

第一段階：「できる」、動詞単純形による表出
第二段階：|□（名詞・動詞）＋できる| スキーマの生成
　　　　　可能動詞
第三段階：|□＋reru| スキーマの生成
第四段階：|□＋rareru| スキーマの生成

L2幼児の場合、L1幼児にはない |□＋できる| の段階（第二段階）がある。次のような発話（例3-6）がそれにあたる。

3-6)
 a.「僕、台湾しゃべってできる」と産出後「僕　おとうさん、Taiwanese と American しゃべれる」（B児 2006年10月期）
 b.「Halloween できる」〔ハロウィーンに行ける〕（K児 2003年10月期）

L1幼児とL2幼児とでは、「できる・動詞単純形」⇒「可能動詞」⇒「reru」⇒「rareru」という習得の順序は同じだが、L2幼児にはL1にはない

スキーマ生成の段階が1つ多くあるのである。

これ以外の相違として、例えば助詞の習得では次のような相違がある。L1の場合、1歳半頃は助詞の種類が非常に狭く使用も散発的で、2歳前に助詞の種類が急速に拡大し使用頻度も増え始める爆発期に入り、その後安定成長期に移行する（綿巻 2005）。一方、L2幼児は、L1幼児のように一遍に多種類の助詞を使用するという現象は見られず、例3-7のように、自分が注目した助詞で語と語のあらゆる空隙を埋めるという現象が見られた。大雑把なルールとして ¦内容語＋□（助詞）＋内容語＋□（助詞）……¦ という構造スキーマを生成していると推察される。

3-7)（工作中、糊が付いてしまったハサミを指して）
「先生、ちょっとのハサミの洗って、だってが、糊付けて」〔ちょっと糊がついているハサミを洗う。だって、糊がついているから〕（M児 2005年12月期）

母語と似た語順をとることもよく見られる。例3-8では、日本語と語順が逆になっているが、これはM児の母語であるフランス語の語順の影響、すなわち日本語の構造スキーマと即時的に取り出せる母語の語列スキーマとの相互作用により文を創出していると推察される。

3-8)（洗い場で水彩道具を洗いながら）
「バシ〜ンの水の。一杯の水の赤」〔水をバシーンとする、一杯の赤い水／赤い水が一杯〕（M児 2006年1月期）

L1幼児とL2幼児の相違の背景

それでは、前述したL1幼児とL2幼児の相違はなぜ生ずるのであろうか。

まず、L1幼児に比べてL2幼児のスキーマ生成が早いことについては、次のような原因が考えられる。

①L2幼児はL1幼児よりも認知的に発達している。また、②L2幼児はL1幼児における語結合の経験を生かすことができる。L1幼児は1語文の段階で内容語の学習を十分に行ってから語結合の段階へとシフトするが、認知的

に発達し、語結合の経験のあるL2幼児はインプットを十分に蓄積する間もなく内容語と機能語（機能辞）の学習をほぼ同時に開始する。そこでスロットの挿入形態がわからず、名詞1語で事態をゲシュタルト的に表したり、母語の知識から借用したり、非規範的な形を入れたりといったストラテジーを駆使すると考えられる。この他に、③学習開始と共に社会生活を営むため意図伝達の必要性が早期より高いことや、④日本語の体裁を整え、早くコミュニティの仲間入りをしたいという心理的作用も関係していると見られる。チャッタや助詞の広範囲にわたる使用はその表れと言える。

次に、L2幼児にL1幼児とは異なるスキーマ生成の段階があることについては、スキーマ生成の仕方の違いに起因するものと推察される。つまり、先に概念を獲得し、浴びるようにインプットを得られるL1幼児は、音韻的情報に基づきスキーマ生成を行う。ゆえに規範形に近い接辞スキーマ（例「□+れる」）を生成することが可能である。一方、L2幼児は言語普遍的な意味（例 可能）を既に獲得しており、意味に対応する言語ユニットを1対1対応で見つけ、ラベル付けし、とりあえず意味（機能）重視の分析的表現（例「□+できる」）を作り上げてしまうと考えられる。

また、この分析的表現（例「□+できる」）が創出された理由としては2つの可能性が考えられる。第一の可能性は、母語のスキーマ（英語なら「can+□」、フランス語なら「(Je) peux+□」）との相互作用により生じた拡張事例であるという可能性である。第二の可能性は、なんらかの機能を表すマーカーを内容語に付し、その後内部に取り入れ、1つの固まりとしての融合形態を作り出すという、認知的にとりやすい普遍的ストラテジーを採用した可能性である。外置から内置へと進むプロセスは海外の否定形の発達研究において普遍性が高いとされている。この2つの説についてはさらに検討が必要であるが、現時点では、「スロット付きスキーマ」の生成により外置から内置へと習得を進める一方で、分析的表現から膠着言語の融合した表現へと母語の知識の再構築を行っていると考えている。

意味（機能）重視の「スロット付きスキーマ」は、インプットが規範形獲得の必要量（臨界量）に達していない状態でルール生成を行おうとした場合に生じるものであり、L2幼児にとっては、規範形獲得への橋渡し的な役割を担う重要な表現となっていると推論できる。

3.3 本章のまとめ

本章では、まずはバイリンガルの理論を紹介し、その後用法基盤モデル誕生の背景と考え方について説明を行った。用法基盤モデルの特徴、用法基盤モデルの想定する言語習得のプロセス、用法基盤モデルに関する言語習得の先行研究をまとめた。さらに、用法基盤モデルの「ピボット・スキーマ」（Tomasello 2003）を援用することで提示した「スロット付きスキーマ合成仮説」（橋本 2011b）の説明を行い、この仮説を支持する研究をまとめ、「スロット付きスキーマ」の種類と機能を説明した。加えて、「スロット付きスキーマ」生成の観点から、L1幼児とL2幼児の共通性と差異について、これまで明らかになっていることを簡潔にまとめて論じた。

第4章　研究課題と研究方法論

　本章では、まずは先行研究における知見を検討し、かつ発展させるための4つの小研究の課題設定を行う。次に、用法基盤モデルの考え方に沿った研究方法を述べる。

4.1　研究課題

　第2章において述べたように、本研究の目的は、L2幼児がどのように日本語の言語構造を構築しているのか、そしてL1幼児とはどのように異なるのかを明らかにすることである。第3章では、英語習得の研究において生まれた用法基盤モデルを説明し、当該理論を援用することで日本語のL2幼児の動詞形および助詞の習得研究を行い、「スロット付きスキーマ合成仮説」の提示を行ったことを述べた。さらに、L1幼児とL2幼児の異同について明らかになっていることを記した。本論文の構成について第2章において述べたが、本研究は4つの小研究から成る。まずは否定形式、願望形式といった述語形の構造がどのように習得されるのかを追究し、次に文へと視点を移し、全部否定表現形式の研究を行う。橋本（2011b）においては、助詞に焦点を当てて文構造の発達を示したが、本研究においては、呼応形態を有する複雑な文構造がどのように習得されるのかを検討する。最後に単文と複文構造をもつ理由表現形式について研究を行う。述語、文、複文へと研究の視点を移しながら言語構造の構築プロセスを明らかにしつつ、L1幼児とL2幼児の違いについても研究ごとに検討する。

　小研究の研究課題は次のとおりとする。

課題1　L2幼児は、否定形式をどのように習得するのか。L1幼児とL2幼児の習得プロセスに違いがあるのか。
課題2　L2幼児は、願望形式をどのように習得するのか。L1幼児とL2幼児の習得プロセスに違いがあるのか。
課題3　L2幼児は、全部否定表現形式をどのように習得するのか、L1幼児とL2幼児の習得プロセスに違いあるのか。
課題4　L2幼児は、理由表現形式をどのように習得するのか。L1幼児とL2幼児の習得プロセスに違いがあるのか。

4.2　研究方法論

4.2.1　研究方法についての考え方

　認知言語学は、人間の「日常言語の創造性を、(中略)拡張やゆらぎのなかにみられる変容のダイナミズムのなかにみていく新しい言語学のアプローチ」(山梨 2000：239)である。このことから、可能な限り、調査対象児の日常言語に近づき、表現形式の変化を捉えていく必要があると考える。そこで、本研究においては、縦断的に産出された発話のみを採集するだけでなく、現場に入り込みL2幼児がなぜそのような発話を行うのかといった心理的側面も読み解いていく。その中でL2幼児の言語習得メカニズムの特徴について仮説生成を試み、さらに検討するという手法を採った。観察対象者の「フィールド」、つまり「生活を行っている中」に入り込んでいくフィールドワーク[15]という研究手法があるが、広義にはこの手法に相当する[16]。本研究と深く関連する用法基盤モデルは、実際の言語使用を基盤に言語構造を構築していくという理念に立脚しているため、このような研究手法はこのモデルの性

---

[15] 「フィールドワーク」は、エスノグラフィーあるいは文化人類学で適用されてきたものであり、最近特に社会言語学でこの方法を用いる頻度が高くなっている(ネウストプニー 2002)。
[16] 「フィールドワーク」の意味はさまざまで、質的研究という広い意味にも使用される(ネウストプニー 2002)。

質から考えても親和性の高いものと考えられる。

　ネウストプニー（2002）によれば、どの研究手法も単独では理想的とは言えず、欠点を補うために複合的に他の方法も使うのがよいということである。本研究では、次に説明するように、さまざまな手法を補完的に採用することでより実証性を高めることにする。

4.2.2　複合的な手法

　すべての調査は、筆者自らが幼稚園や自宅へ出向いて行った。可能な限り、発話と発話状況および発話意図のメモをとった。発話はICレコーダーにも録音をし複合的な手法によりデータを収集した。言語がどのような場面でどのような意図をもって産出されているのか参与観察により慎重に見極めた。フィールドでは対象児のそばから離れることなく対象児の視線やジェスチャー、表情を見逃さないよう努め、産出時の対象児の気持ち、感情、癖や嗜好などすべてを考慮し発話意図を判断した。

　また、対象児の母親や先生に適宜インタビューも行った。園や家での出来事や最近夢中になっている遊びについて質問し発話意図を確認したり、性格や母語における産出傾向について聞いたりした。また、対象児の自宅に訪問し発話で言及されていた事物を確認することで、発話の意味が明らかにされることもあった。家庭環境やこれまでの言語接触など調査対象児の詳しいプロファイルについてのインタビューは、データ収集がある程度続けられた時点で行った。

4.2.3　調査のための準備と調査時の心構え
4.2.3.1　フィールドに入るまでの準備

　参与観察に至るまでの準備は以下のとおりである。

　まずは、調査対象の候補となる場所（幼稚園など）に電話をし、調査協力を要請し、年齢、来日時期、言語の発達状態といった点で自分が必要とする

インフォーマントがいるかどうかを確認した。次に、園長先生に直接会い筆者の研究の目的、必要性、研究方法について説明を行った。幼稚園側の理解を得て協力関係を築くことは調査を続けていく上で大切である。次に、担任の先生に調査方法について説明し協力を求めた。具体的に、調査時間、調査時期について、園での活動の妨げにならないかなどを確認した。実際、園からは、大きな行事の前後はあわただしいため調査を控えるよう要請があった。ビデオ撮影などは他の園児も写ってしまい、個人情報の保護を妨害する可能性があるため控えた。

　園での許可を取りつけた後、対象児の親から承諾を得た。対象児の親には、研究目的と調査頻度を説明した手紙を作成し渡した。その一方で調査対象児と同じクラスの父兄に対しても手紙で研究目的と調査頻度を説明しクラスの中に入ることについて承諾を得た。

4.2.3.2　フィールドでの心構え

　調査を行う際、調査対象児が観察者（筆者）に対して不安を抱いていては自然な発話を採ることができないため、調査対象児との信頼関係はなるべく早く築くように努力した。対象児によっては、調査開始時に日本語が話せない場合があったため、データ収集を急がず、キャッチボールなどで一緒に遊ぶ日を設けることもあった。但し、いつも一緒に遊んでくれる人という存在にならないように、調査が始まってからは、なるべく距離を置くように努めた。Spradley（1980）によると、観察者の参与の度合いによって5つのタイプに分類されている。*complete participation*（完全な参与）、*active participation*（積極的な参与）、*moderate participation*（適度な参与）、*passive participation*（受動的な参与）、*nonparticipation*（不参与）の5つである。常時そばにおり話し掛けられたりする時もあったため *passive participation* の立場に相当すると考える。また、対象児がコミュニケーションをとりたがっているのに黙り込んでしまうのも相手との信頼関係が深まらないため、時に

moderate participation の立場をとることもあった。しかし、対象児と会話を交わす場合、対象児のもっている文法レベルを上回るような発話は避けた。観察者（筆者）との対話が調査対象児の言語発達に影響が及ばないように極力注意した。調査を行っていることは対象児に告げない。調査対象児が同意してくれる場合は、ICレコーダーを対象児の好きなキャラクターの「キティちゃん」や「新幹線」の絵がついたポシェットに入れ、先生から「大事なものが入っているから持っててくれる？」と言ってもらい対象児の身につけてもらった。ポシェットをつけることに抵抗を示す対象児に対しては無理強いをせずに、ICレコーダーを袋に入れてテーブルの上に置くか、観察者（筆者）が所持し常に録音可能な場所にいた。

4.2.3.3 その他の心がけ

保育指導の妨げにならないことを第一に注意した。また、先生と常にコミュニケーションがスムーズにとれるようにしておいた。実際に、クラスでの状況や、調査時以外で産出されたことばや、頻繁に使用されることば、そして観察時に産出の多かったことばが普段はどのような場面、どのような心理状態の時に産出されているのかといった情報を先生に提供してもらった。また対象児の性格についてもエピソードを交えながら教えてもらうことがあった。

4.2.4 調査対象とした発話の種類

研究対象とした発話は自然発話である。対話者は主に友達で、時に先生も含まれた。観察者（筆者）も会話に参加する時があったが、前述したように、調査時点での対象児の言語習得のレベルを考え、新しい文法事項を含むような発話は可能な限り避けた。

4.2.5 文字起こし

家に帰ったらメモと録音を照合しながら発話と状況を記した資料を作成した。資料作成は正確を期すためなるべく調査日に行った。

4.2.6 調査対象児のプロファイル

以下に、本研究の調査対象児であるL1およびL2幼児の詳しいプロファイルを、実際に調査を行った順に述べる。L2幼児のデータは研究の内容に合わせて使用した。研究の内容上L1習得とL2習得を比較するためにL1幼児についての知見が必要であるが、先行研究において明らかにされていない場合、あるいは、そのデータ数が少ない場合に、下記のL1幼児のデータを適宜使用した。L2幼児のデータと比較するための対照データとして扱った。

4.2.6.1 L1調査対象児－対照データ
L1調査対象児Y児：

日本語を母語とするY児（女児）は、3人兄弟の末っ子として東京で生まれ育つ。2005年10月（1；11）から2007年2月（3；3）までのデータを使用する。Y児は保育園に通っていないため、調査場所はY児の自宅で行い、対話者は主に母親とし自然発話を採集した。調査は2006年3月まで1回／週で、以降は1回／2週を基準とした。発話量増加のため問題ないと判断した。

4.2.6.2 L2調査対象児と採用の理由

次にL2幼児のプロファイルを、実際に調査を行った順に述べる。尚、調査対象児ごとの来日、入園、調査時期の時期と月齢についてまとめたものを表4-1に示す。

L2調査対象児K児：

K児は、中国生まれの英語を母語とする英国人女児である。父親は、英

表4-1 L2調査対象児の来日・入園・調査開始の時期と月齢

		K児	B児	M児
母語	家庭での使用言語	英語	英語	フランス語
来日	時期	2002年12月22日	2002年7月14日	日本生まれ
	月齢	2歳9ヶ月	10ヶ月	
入園	時期	2003年4月11日	2005年9月6日	2004年4月13日
	月齢	3歳0ヶ月	4歳0ヶ月	3歳3ヶ月
調査開始	時期	2003年9月29日	2005年10月27日	2005年11月9日
	月齢	3歳6ヶ月	4歳1ヶ月	4歳10ヶ月
	入園後の月数	約6ヶ月	約1ヶ月半	約1年7ヶ月

語を母語とし他に4言語（中国語／タイ語／オランダ語／フランス語）、そして日本語（多少）も話せる。母親は英語／中国語を母語とし、日本語（初級）学習経験があるが使用しない。家庭の使用言語は英語である。来日前、K児は、2002年8月～12月まで英語とマンダリン語のバイリンガルのプレスクールに通っていたが、年少過ぎてマンダリン語はほとんど学習できなかったと母親は言う。母親によれば、来日後入園までは、英語を母語とする友達と遊んでいたということである。入園してからは、月に1回ほど幼稚園の友達と遊んだり、家で約30分子ども番組を見ることがあったという。日本語の歌を歌うようになり、日本語のわからない2歳年下の弟に向かって「座って」などと簡単な単語を発することがあったそうだ。調査は2003年9月～2005年7月の1年11ヶ月におよんだ（幼稚園がお休みの期間は除く）。時間は1～3時間／回とし活動に支障のない範囲で可能な限り長めとした。調査頻度は1回／2週、つまり2回／月を基準とした。

　尚、K児はその後インターナショナルスクールへ入学したため、香港へ帰国するまで自宅で調査を行った。

L2調査対象児 B児：

　B児は、米国で生まれ、英語を母語とする米国人男児である。父親は英語

を母語とし他に台湾語と中国語が話せる米国人である。母親は英語を母語とし中国語も話せる米国人である。2歳年上の兄と4歳年下の弟がいる。家庭の使用言語は英語である。2歳から日本の幼稚園入園まで英語のプレスクールに通っていた。入園後は、1週間に1時間のペースで、空手を日本語で習い始める。母親によれば、B児は入園後テレビを週1回（30分）ほど見ていたが、1年経つとほとんど見なくなったという。入園してしばらくして、スポーツクラブ、空手を日本語で習うようになった（週に1回、1時間／回）。次第に、日本語のことばを発するようになり、主に食べ物、バスルームに関する単語や、簡単なことば、「座って」「行くよ」「早く」や名詞「テレビ」「たんす」「ボール」を発したり、日本語の歌を歌うようになったという。園外での日本語との接触は月に2～4回日本語母語の友達と2時間ほど遊ぶということである。調査は、2005年10月～2007年6月の1年9ヶ月に及んだ（幼稚園がお休みの期間は除く）。調査頻度は1回／週、つまり4回／月を基準とし、調査時間は1時間／回とした。米国へ帰国する直前まで調査を行った。

L2調査対象児 M 児：

　M児は、東京生まれで、フランス語を母語とするフランス／日本人の男児である。父親は日本人で日本語を母語としフランス語が話せる。母親はフランス語を母語とし日本語が少し話せる。家庭の使用言語はフランス語である。母親によれば、入園後1年半頃から、朝父親と会った時だけ日本語で「一緒に遊ぼう」と言うようになったということである。基本的にM児は日本語でしゃべりたがらず、父親が日本語で話しかけると「フランス語で話して」と要求するそうである。毎年夏に1ヶ月半フランスに滞在するため、そのたびに日本語を忘れ、また戻るとすぐに思い出すそうである。1年に1度沖縄にいる日本人の祖父母と5日間ほど生活を共にし、その間は日本語を話すそうである。日本の小学校に通う2歳年上の姉がいる。姉は、日本語がよく話せるが、M児とは日本語ではなくフランス語で会話している。M児は、

2003年の4月頃から日本の幼稚園のプレスクールに通うが、母親によれば、その間フランス語しかしゃべっていなかったということである。家では日本人の友達と遊ぶことはなく毎日姉とフランス語で遊んでいる。家でテレビは見ないため日本語との接触はほとんどない。母親によれば、M児はフランスが日本より好きで、日本語を話すのが好きではないそうだ。入園してからも姉とフランス語を介して遊ぶが、日本語の歌は一緒に歌うことがよくあるということである。調査頻度は1回／週、つまり4回／月を基準とし、調査時間は40分／回とした。調査期間は、2005年11月〜2007年3月の1年5ヶ月である（幼稚園がお休みの期間は除く）。尚、その後、M児は日本の小学校に上がったため、フランスに帰国するまで自宅で調査を続けた。

L2調査対象児B児、K児、M児の採用の理由

　本研究の調査対象児は、その発話プロトコルを見る限り、意味や使い方がわからないまま、ただ対話者のオウム返しをしているという模倣発話は僅かであり、能動的に発話していることが推測された。また、家庭では英語／フランス語を使用し、日本語を母語とする先生や友達、観察者（筆者）に対しては日本語のみを使用していることから、明確にL1とL2とを区別していることが明示化されたため、本研究の調査対象児がL2幼児としてのインフォーマントになりうると判断した。

4.2.7　分析方法

　本研究では、L2幼児の習得プロセスを明らかにするために、時間的推移とともに変化するL2幼児の発話を質的および量的に記述・分析する。

　習得について、野田（2001）は、文法項目を習得するとは、広い意味では、文の外の要素、つまり発話の状況との共起関係といった対立、さらに、どのような形がどのような形と一緒に表れやすいのかという文内の共起関係を習得することであると述べている。こういった視点を援用し、本研究では、

L2幼児がコンテクストに適した発話の機能形式をどのように習得していくのか、そして類似した機能が複数ある場合、どのようにその対立を習得するのか、さらに呼応関係が要求される形式である場合、文内の共起関係はどのように習得するのかを分析の観点とする。

詳細な分析方法は各研究において述べることにする。

4.2.8 研究方法における限界と有効性

本研究は、L2幼児3名を対象としており、結果の一般化はできない。しかし、長期に亘り対象児に密着した末得られた結果は、習得メカニズム解明に貢献することができるものと考える。

本研究では、橋本（2011b）において提示した仮説の検証といった観点から研究を進める。加えて、L1幼児のデータと対照させることで、L2幼児の特徴を明確にする。渋谷（2002）は、一定のデータ数が得られれば、あるいはかなり限られた場合でも、特定の視点をもち、母語話者のデータなど他種類のデータと比較することで、ことばの特徴を十分に把握できることを指摘している。

4.3 本章のまとめ

本章では、本研究の課題と複合的な手法について説明し、実際に調査を行うまでの準備と調査時における心構えについて述べた。さらに、本研究の調査対象児であるL1調査対象児1名（対照データ）およびL2調査対象児3名の詳しいプロファイルをまとめて記し、データの分析方法について簡潔に述べた。最後に、本研究の限界と、限界を踏まえつつもこの研究において期待できる成果について述べた。

第5章　否定形式の研究
―述語形の習得　その1―

5.1　はじめに

　日本語の述語形は、語尾、つまり屈折によって変化する活用部分と、それを除いた不変化部分の語幹から成り、接辞（接尾辞）による派生や活用のある助動詞が特徴とされる（奥津 1982）。可能、願望といったさまざまな意味をもつ助動詞は、多様な形で動詞形内で階層的構造を呈している（尾上 2001）。

　したがって、日本語をL1、およびL2とする幼児にとって、述語形を作り出すルールやそのパラダイム（語形変化の体系）は複雑であり、すぐには理解することができず不透明な存在であることが考えられる。これに対し、英語やフランス語は、日本語では接辞で表す部分を語で表したりする。

　本研究では、述語形として否定形式と願望形式について追究する。本章は、述語形の1つである否定形式の習得について記述する。

　否定形式は、L1幼児の大久保（1967：143）のデータによると1歳7ヶ月から産出されていることから、L2幼児にとっても必要性が高く初期から産出されることが十分に考えられる。Ellis R.（1994）は、学習者の使用言語の形態－機能分析は、学習者個人がどのようにL2システムを構築しているのかを見るための窓（window）のようだと述べている。そこで本章の研究では、「否定」という機能から形態変化の連続性を捉え、習得プロセスを明らかにし、その駆動原理の解明を試みたいと考える。尚、日本語の場合、形容詞、形容動詞も動詞と同様に否定辞により表出するため、形容詞・形容動詞も分

析対象に含めて研究を進めることにする。

5.2 先行研究

日本語の否定形式の特徴

　日本語の否定形式は、英語やフランス語のようにdon'tやne pasなどの別の語を用いる方式とは異なり、動詞、名詞、形容詞・形容動詞に否定の助動詞「ない」を付加することによって派生される。動詞の場合、行クは行カ・ナイとなり、形容詞の場合は、暑イが暑ク・ナイ、形容動詞の場合は、静かダが静かデ・ナイ、ジャ・ナイ、名詞の場合は、本ダが本デ・ナイ、ジャ・ナイとなる。複数の否定辞とその調整規則があることで日本語は言語類型論的に稀であるとされている。内容語に否定を表す接辞を付加し融合した形態を有する日本語の否定形式の規則は、L2学習者には馴染みがなく習得がむずかしいことが推測される。

海外における否定形式の習得研究

　否定形式については、L1及びL2習得の英語やスペイン語などのさまざまな言語において、発達過程の共通性が報告されている。そこでは、次の例に示すように、外置否定（external negation）から内置否定（internal negation）へ進むという否定辞の付加の仕方と、未分析から分析された語へ移行するという習得の方向性が示されている（Butterworth & Hatch 1978; Ellis R. 1994; Klima & Bellugi 1966; McLaughlin 1981; Milon 1974; Schumann 1979等）。

　　例　No wipe finger　⇒　He not little, he big　⇒　I didn't see something

L1幼児とL2大人・子ども対象の日本語の否定形式の習得研究

　外置から内置へと進むプロセスは日本語においても同様に見られるという（大久保 1967；伊藤 1990；Clancy 1985 等）。日本語の外置から内置へと進むL1

幼児の否定形習得プロセスについて、Kanagy（1991：231）は発達段階を次のようにまとめている。さらに、L2の大人においても同様のプロセスが見られると指摘している。

　第一段階：未分析の述語　＋　ナイ
　　　例　食べるない、赤いない、本ない、食べたない
　第二段階：未分析／修正された述語　＋　さまざまな未分析の否定辞
　　　例　食べるじゃない、赤いくない、きれいくない、食べたじゃない、泣かない
　第三段階：分析された述語　＋　ナイ　／　ナカッタ
　　　例　食べない、赤くない、きれいじゃない、
　　　　　食べなかった、赤くなかった、きれいじゃなかった

（Kanagy 1991：231）

　つまり最初に「ない」、次の段階で「じゃない」「くない」を外置し、最後に語形調整が施され述語と否定辞の融合形が獲得されるというものである。このように、初期は言語処理がうまくいかず未分析の固まりのままの述語や否定辞を用い、やがて分析された否定辞の柔軟な使用が可能になる。この発達プロセスについて、日本語をL2とする子ども（10歳）を調査した野呂（1994）は、第一段階に「未分析の述語＋ナイ」がほとんど見られず、動詞以外の品詞に「じゃない」が使用されていたことを報告し、L1幼児とは異なることを指摘している。年齢および認知的発達レベルなどにおいてL1幼児により近いL2幼児はどのようなプロセスを辿るのであろうか。

　複数の否定辞と調整規則を有する日本語の否定形式については、発達の段階性だけでなく、それぞれの段階で何が起きているのか、そして、どのように融合形態が獲得されるのかについて追究する必要があると考える。さらに、先行知見で明らかとなっているL1幼児の発達の段階性と比較することでL2幼児の特徴を明確にしたい。

5.3 研究課題

研究課題は次のとおりである。
研究課題：L2幼児は、否定形式をどのように習得するのか。L1幼児とL2幼児の習得プロセスに違いがあるのか。

5.4 研究方法

本章の研究では、次に示すL2調査対象児3名の発話データを使用する。提示順序は、日本語に本格的に接触し始めた時期、つまり入園時期から時間経過が少ない順とする。

【L2調査対象児】
B児：2005年10月（4；1）～2007年3月（5；6）の発話データ
K児：2003年9月（3；6）～2005年7月（5；3）の発話データ
M児：2005年11月（4；10）～2007年3月（6；2）の発話データ

分析方法
まず文末の否定辞が動詞、形容詞、形容動詞（語基）とどのような形態で結びついているのかを調べる。各形態の時期ごとのトークン頻度とタイプ頻度を算出する。時期は、変化を捉えるため2ヶ月ごととし、観察開始から1期、2期……とする。さらに、「ことばや誤用を手がかりに心理的処理方略を探ることが可能である」（伊藤 2005）ため、目標言語から逸脱した非規範形に焦点を当てて記述的分析を行う。具体的には、実際の発話例を抽出し、発話意図を参照しながら、動詞（非過去、完了過去）、形容詞、形容動詞（語基）に対する否定辞の使用変化のプロセスを探る。

5.5 分析結果と考察

5.5.1 B児の分析結果と考察

　まずは、B児のプロセスを分析する。表5-1にB児の産出状況の推移を示す。表5-1は、否定辞（「ない」「じゃない」「なかった」「くない」）ごとに前置形態を項目として左列に記した。前置形態の項目は、否定辞ごとに動詞、形容詞、形容動詞の順に並べ番号付けした。例えば、表5-1の「ない」の前置形態は、「1動詞TL、2動詞て、3動詞ちゃう、4英語動詞……9形容動詞語幹」といった具合に並べて、番号を左に付している。項目の「TL」は規範形のみを示し、それ以外は非規範を示す。但し、「語幹」は規範と非規範の両方が含まれる。また、動詞については、推移をわかりやすく示すために、動詞非過去には◎、完了過去（テナイ規範形を除く）には★を、テナイ規範形には▲を、トークン頻度の枠内に記した（表の注参照のこと）（表5-2、表5-3も同様）。

　表5-1を見ると、否定辞「ない」と「じゃない」が複数の品詞に跨って使用されている。調査期間を通じた否定辞の出現状況を整理してみると、動詞の非過去形（前置形態）と接続した否定辞は、「ない」が全期を通して現れ（1〜7-N）、「じゃない」が4、5期（1〜3-J）に、「なかった」が7、8期（1、2-NK）に出現している（（　）内の数字は否定辞ごとの項目番号で、アルファベットは否定辞を表す。Nは「ない」、Jは「じゃない」、NKは「なかった」、Kは「くない」の表を示す。例えば、1-Nであれば、「ない（N）の前置形態」の1を意味する。つまり「動詞TL」の横列のことである。以下、同様）。完了過去形（前置形態）と接続した否定辞は、「じゃない」が2期と4、5期に出現し（4、5-J）、「ない」が5、6期に現れる（8-N）。形容詞（前置形態）と接続した否定辞は、「じゃない」が2期と4〜7期に出現し（6、7-J）、「くない」は3期と5〜7期に見られる（1-K）。形容動詞（前置形態）の否定辞は全期「じゃない」

表5-1　B児の否定形式の産出

ない(N)の前置形態		1期		2期		3期		4期		5期		6期		7期		8期	
1	動詞 TL	◎14	3	◎8	5	◎14	4	◎27	10	◎15	5	◎14	7	◎12	6		
2	動詞て					◎2	1	◎3	1	◎2	2	◎3	3			◎1	1
3	動詞ちゃう							◎1	1								
4	英語動詞									◎1	1						
5	動詞る											◎3	2				
6	動詞てたく													◎1	1		
7	動詞て TL							▲9	4	▲5	5	▲23	10	▲23	10	▲7	3
8	動詞た									★5	3	★1	1				
9	形容動詞語幹					1	1										
じゃない(J)の前置形態		1期		2期		3期		4期		5期		6期		7期		8期	
1	動詞る							◎1	1								
2	動詞て									◎1	1						
3	動詞ちゃう									◎1	1						
4	動詞た			★2	2			★1	1								
5	英語動詞									★1	1						
6	形容詞					1	1	7	2	10	6	13	3	7	3		
7	形容詞くない									1	1						
8	形容動詞 TL	2	1			1	1	6	2	6	2	6	2	1	1		
9	形容動詞					1	1										
なかった(NK)の前置形態		1期		2期		3期		4期		5期		6期		7期		8期	
1	動詞て													★2	2	★1	1
2	動詞 TL													★1	1	★1	1
くない(K)の前置形態		1期		2期		3期		4期		5期		6期		7期		8期	
1	形容詞 TL					1	1	1	1	1	1	1	1	1	1		

注1：各時期のトークン頻度を前枠に、タイプ頻度を後枠に示す（表5-2、5-3も同様）。
注2：TLは規範形を意味する（表5-2、5-3も同様）。表5-2、5-3の「語幹」は語が分節化され抽出されたもので、規範的／非規範的形態双方を含む。
注3：非存在を表す「ない」は除外した（表5-2、5-3も同様）。
注4：産出が見られた①引用文の否定表現、②同意要求表現、③部分否定表現「～んじゃない」（以下、本文中「文＋じゃない」）の規範の産出は含めていない（①例「やだもんじゃない」、②例「行ったじゃない！？」、③例「わざとやったんじゃない」）（表5-2、5-3も同様）。
注5：「こうやって」「そうやって」は副詞として扱い対象外とした（表5-2、5-3も同様）。
注6：印は動詞非過去・完了過去（テナイ規範形除く）を表す形態・テナイ規範形の推移がわかるように示した。◎－動詞非過去、★－動詞完了過去、▲－テナイ規範形（表5-2、5-3も同様）。
注7：太い横点線は品詞区分を示す（表5-2、5-3も同様）。

が見られ（8、9-J）、3期に「ない」が出現している（9-N）。

B 児の動詞非過去の否定形式の習得プロセス（表中の◎印）

　規範形は1～7期に出現している（1-N）。3期以降に出現した「ない」を使用した非規範形を例5-1、5-2に示す（2-N）。テ形により動作内容のみを表現し「ない」と接続させている。周囲の園児や先生が依頼表現の「～て」「～てください」やテイル形などのテ形を多く産出していることが観察されている。固まりで覚えたテ形を、テンス・アスペクトなどの意味がゼロ化した原形の如くに使用している。この現象は「仮原形ストラテジー」（橋本2006b, 2011b）によるものと考えられる。

5-1)「先生、僕、フルーツ食べてないよ、フルーツ食べて、僕。I don't eat fruits.」（残さないことを指導している先生に訴える）〔僕、フルーツ食べない〕（4期）

5-2)「行ってないよ」（トイレに「行きなさい」と先生に言われ）〔行かない〕（5期）

　4期に出現した「ない」とチャウ形（3-N）との接続（例 こわれちゃうないよ）においてはモダリティの表出が可能になっている。5期の英語動詞の使用（4-N）は語彙不足のため母語の知識を借りたものと推察される。否定内容を表す多様な形態と否定辞「ない」が結びついていく様相から、「ない」をピボットとした｛□＋ない｝の「スロット付きスキーマ」（橋本2011b）（図5-1）が生成されていることが考えられる。6期には、ル形とテ形の2つの語形を「ない」と接続させている。例5-3に具体例を示す（5-N、2-N）。「ない」をピボットとした構造枠の中で規範形を模索していることが推測される。

5-3)「ライオンがんばるない」「がんばってないよ」（ライオンの演技練習の時「がんばってね」と言われ）〔がんばらないよ〕（6期）

　　　　　　　　SLOT　　　PIVOT
　　　　　　　　　□　　＋　　nai
　　　図5-1　ナイをピボットとした「スロット付きスキーマ」

4期の「じゃない」の使用は「遊ぶじゃないよ」〔遊んでるんじゃないよ〕(1-J)である。ル形で進行の意味を表している。5期はテ形と接続している(2-J)。チャウ形との接続も見られ(3-J)、モダリティの表出が可能となっている。「じゃない」が多様な形態と結びついている様相から、「じゃない」をピボットとした ｜□＋じゃない｜ というスキーマ(図5-2)が生成されていることが推察される。

SLOT　　　　PIVOT

□　　＋　　janai

図5-2　ジャナイをピボットとした「スロット付きスキーマ」

B児の動詞完了過去の否定形式の習得プロセス（表中の★▲印）

2、4期にタ形と「じゃない」との接続形態（例5-4）(4-J)が見られ、5、6期になるとタ形と「ない」の接続形態（例5-5）(8-N)が出現している。

5-4)「おかあさん、来たじゃない」〔来てない、来なかった〕(2期)
5-5)「もうできたない」〔できてない〕(5期)

｜□タ＋じゃない｜ から ｜□タ＋ない｜ へと変化し、規範形「〜てない」へと形態的に近づいているかのように見える。7、8期になると、「なかった」が出現する。例5-6に具体例を示す(1-NK)。

5-6)「ママ、これ作ってなかった」〔(味噌汁)作ってない／作ったことがない〕
（7期）

6期に「作ってない」(2-N)と産出されているため、「ない」を「なかった」に置換させるという操作が考えられる。

過去の意味を明確に表そうと、新規に取り入れた過去と否定の融合マーカーに置き換えたことが推察される。8期にも同様の形態が見られる。｜□＋なかった｜ スキーマ（図5-3）が生成され、スロットにテ形を当てはめたもの

と思われる。あるいは、周囲の園児たちの発話において「過去における持続性」を表す「～てなかった」も観察されていることから、連続音が記憶に残り ¦□+てなかった¦ のスキーマが生成されつつあるとも考えられる。

SLOT　　　PIVOT

□　＋　nakatta

図5-3　ナカッタをピボットとした「スロット付きスキーマ」

B児の形容詞の否定形式の習得プロセス

2、4～7期に「形容詞+じゃない」(例「かわいいじゃない」)が見られる(6-J)。5期にはタイプ頻度6となっていることからも、¦□+じゃない¦ に形容詞を入れて産出されたものと推測される。規範形(1-K)を調査すると、「おいしくない」と「痛くない」の2種類である。両表現共お弁当や喧嘩の時に頻繁に観察されており、5、6期になっても「おいしいじゃない」、7期に「痛いじゃない」と産出されていることから、形容詞の派生ルール獲得には至っておらず、規範形は固まりのままの産出であることが推測される。5期には規範形を ¦□+じゃない¦ に入れたと推察される発話が見られている。例5-7に具体例を示す(7-J)。

5-7)「ちっちゃくないじゃない」(背伸びし頭上に手を翳し)〔ちっちゃくない〕
　　（5期）

¦□+じゃない¦ と固まりのままの規範形が同時に想起され創発したものと推測される。

B児の形容動詞の否定形式の習得プロセス

全期に規範形が見られ(8-J)、2期に「同じ[17]だじゃない」(9-J)と産出されている。¦□+じゃない¦ に「同じだ」を入れて産出されたものと推察される。

---

[17]「同じ」の品詞分類については説が異なるが、物の性質を表し「じゃない」を用いるため形容動詞とした。

5.5.2 K児の分析結果と考察

次に、K児のプロセスを分析する。表5-2にK児の産出状況の推移を示す。

表5-2　K児の否定形式の産出

ない(N)の前置形態	1期	2期	3期	4期	5期	6期	7期	8期	9期	10期	11期
1 動詞TL		◎2:2	◎34:9	◎20:4	◎65:12	◎20:4	◎58:8	◎18:5	◎67:9	◎17:5	◎46:16
2 動詞て			◎3:2		◎1:1						
3 動詞てる			◎1:1			◎1:1					
4 動詞てか			◎1:1								
5 動詞う(意向形)			◎1:1								
6 動詞てTL			▲27:3	▲11:5	▲18:8	▲7:3	▲7:4	▲4:4	▲17:10	▲8:5	▲9:7
7 動詞ちゃって							★1:1				
8 動詞た											★1:1
9 形容詞				1:1						1:1	1:1
10 形容詞くって						1:1					

じゃない(J)の前置形態	1期	2期	3期	4期	5期	6期	7期	8期	9期	10期	11期
1 動詞て					◎2:2						
2 動詞てる					◎1:1						
3 動詞た				★5:3				★1:1			
4 形容詞				1:1	2:2	1:1	1:1	3:1		3:1	
5 形容動詞TL				2:2	4:2	4:1		4:2	3:2	5:3	

なかった(NK)の前置形態	1期	2期	3期	4期	5期	6期	7期	8期	9期	10期	11期
1 動詞て					★9:3	★4:3		★11:7	★2:2		
2 動詞TL					★3:3	★1:1	★1:1				
3 形容詞語幹						1:1					

くない(K)の前置形態	1期	2期	3期	4期	5期	6期	7期	8期	9期	10期	11期
1 形容詞TL				3:3	1:1	10:2		9:4	7:3	4:4	
2 形容詞語幹							1:1				

注：「てる」はテイル形を意味する。

否定辞「ない」「じゃない」「なかった」が複数の品詞に跨って使用されている。調査期間を通じた否定辞の出現状況を整理してみると、動詞の非過去形（前置形態）と接続した否定辞は、1期を除き全期に「ない」が見られ（1～6-N）、5期のみ「じゃない」が出現し（1、2-J）、「なかった」は6～10期に見られる（1、2-NK）。完了過去形（前置形態）と接続した否定辞は、

「じゃない」が4、8期に（3-J）、「ない」が7、11期に見られる（7、8-N）。形容詞（前置形態）と接続した否定辞は、「じゃない」が3〜7期（4-J）、「ない」が4、7、11期（9、10-N）、「くない」が5〜11期（1、2-K）に見られ、「なかった」が7期に出現している（3-NK）。形容動詞（前置形態）と接続した否定辞は、「じゃない」が3期以降6期を除き11期まで見られる（5-J）。

K児の動詞非過去の否定形式の習得プロセス（表中の◎印）

規範形は2期以降全期に出現し、3期に動作内容のみを示すテ形と「ない」との接続形態が出現し（例5-8）、5期にも同様の形態が見られる（2-N）。3期後半にはテイル形が出現し「結果の残存」が表出されている（例5-9）（3-N）。6期にも同様の形態が出現している。意向形も3期後半に出現している（例5-10）（5-N）。

5-8)「パパが作ってないから」（お弁当作るか聞かれ）〔パパは作らないから〕（3期）

5-9)「誕生日入ってるない」（貼紙を指し）〔（自分の誕生日が）入ってない〕（3期）

5-10)「遊ぼうないやったら」（友達に遊ぼうと言われ）〔遊ばないったら〕（3期）

例5-8〜5-10から ｜□＋ない｜ という構造枠のスロットに表現が挿入され創造された発話であることが推察される。さらに、テ形と「かない」との接続形態も見られる。例5-11に具体例を示す（4-N）。

5-11)「食べてかない」（お弁当を残している友達に向かって）〔食べてない〕（3期）

L1習得研究（村田 1983）によれば、五段活用の動詞が頻繁に使用されるため、過度の適用傾向がL1幼児に見られるという。インプットの中に広範囲に存在する「〜かない」を経験することで ｜□＋かない｜ のスキーマ（図5-4）を生成していることが可能性として考えられる。

SLOT　　PIVOT
□ ＋ kanai

図5-4　カナイをピボットとした「スロット付きスキーマ」

　5期に「テ形＋じゃない」（例「立ってじゃないよ」（禁止されているブランコの立ち漕ぎをしている友達に向かって）〔立って乗るんじゃないよ〕）(1-J)、「テイル形＋じゃない」の接続形態が見られる (2-J)。｛□＋じゃない｝という構造枠を用いて産出されたものと推察される。

K児の動詞完了過去の否定形式の習得プロセス （表中の★▲印）

　4、8期にタ形と「じゃない」との接続形態（例5-12）(3-J) が見られ、11期にタ形と「ない」との接続が出現する（例5-13）(8-N)。どちらも「てない」の意味で産出されている。

5-12)「まだ、作ったじゃないよ」〔まだ、作ってないよ〕（4期）
5-13)「抜けたない」〔抜けてない〕（11期）

　表出形態が「タ形＋じゃない」から「タ形＋ない」へと変化しており、形態的に規範形「〜てない」へ近づいていることが推察される。6期になると「テ形＋なかった」が出現する。例5-14に具体例を示す (1-NK)。

5-14)「やってなかったでしょ」（友だちの名前を挙げ、誕生会を）〔やってない〕
　　　（6期）

　他の例で「まだ4歳、まだ5歳やってなかった」〔5歳になってない〕(1-NK) と産出されていることからも、「てない」の意味で「なかった」を使用していることがわかる。過去と否定が融合した新規なマーカー「なかった」を獲得し、過去の意味の明確化を図って過剰使用したものと推測される。同様の形態が7、9、10期にも見られる (1-NK)。｛□＋なかった｝のスキーマが生成され、テ形が挿入されたものと判断される。一方で、過去の持続性

を表す「〜てなかった」を周囲の園児が産出していることから、「てなかった」の連続音が記憶に残り｜□+てなかった｜というスキーマが生成されつつあることも考えられる。

K児の形容詞の否定形式の習得プロセス

　3期に形容詞に「じゃない」を接続させた発話が出現し（4-J）、4期には「形容詞+じゃない」から「形容詞+ない」（9-N）へと言い換えている発話が見られている。例5-15に具体例を示す。

　5-15)「あっついじゃない。あつい、ない」〔あつくない〕（4期）

　「あつくない」というルールを獲得してはいないが、産出後モニタリングにより「〜ない」へ置換させている。7期になると、「あっつくってない」といった産出が見られ、語幹抽出を試みていることが推察される（10-N）。同時期、「なかった」を使用し過去の表出を試みている。例5-16に具体例を示す（3-NK）。

　5-16)「さむく……、さむ、なかった」〔さむ（寒）くなかった〕（7期）

　｜□+なかった｜を用い、スロットの中身を模索している様子が窺える。語幹を抽出しようと分節化し、最初「さむく」を当てはめるが、さらに分節化を進め「さむ」を使用している。8期には語幹部分の過剰分節化が見られる。例5-17に具体例を示す（2-K）。

　5-17)「あったくない」〔あったかくない〕（8期）

　例5-15～5-17から、語幹抽出の試みがなされる一方で、否定辞の更新が見られる。｜□+じゃない｜から｜□+ない｜へ、そして｜□+くない｜（図5-5）が獲得されていったと推察される。

　　　　　　　　　　SLOT　　　PIVOT
　　　　　　　　　　　□　　+　kunai

図5-5　クナイをピボットとした「スロット付きスキーマ」

5.5.3 M児の分析結果と考察

次に最も習得が進んでいると推測されるM児の産出状況の推移を表5-3に示す。

表5-3 M児の否定形式の産出

ない(N)の前置形態		1期		2期		3期		4期		5期		6期		7期		8期	
1	動詞TL	◎4	4	◎11	4	◎8	5	◎63	15	◎3	2	◎31	10	◎18	10	◎33	13
2	動詞て	◎1	1					◎2	2								
3	動詞る					◎1	1					◎1	1				
4	動詞語幹					◎1	1							◎1	1		
5	動詞語幹て															◎1	1
6	動詞てTL			▲2	2	▲2	2	▲19	11	▲3	2	▲16	7	▲7	4	▲23	8
7	動詞た			★1	1							★1	1			★1	1
8	動詞てた							★1	1								
9	動詞たかった											★1	1				
10	動詞たかって											★1	1				
11	形容詞語幹							2									
12	形容詞か							1	1								
13	形容詞くって													1	1		

じゃない(J)の前置形態		1期		2期		3期		4期		5期		6期		7期		8期	
1	動詞語幹			◎1	1												
2	動詞て							◎2	2								
3	動詞る							◎5	5							1	1
4	形容詞							2	2			6	6	1	1	2	2
5	形容動詞TL	3	2	1	1			4	3			3	1	1	1		

なかった(NK)の前置形態		1期		2期		3期		4期		5期		6期		7期		8期	
1	動詞TL											★6	1	★1	1		
2	形容詞TL													1	1		

くない(K)の前置形態		1期		2期		3期		4期		5期		6期		7期		8期	
1	形容詞TL					3	2			1	1	1	1	7	6	4	4
2	形容動詞語幹													1	1		

注:「てた」はテイタ形を意味する。

否定辞「ない」「じゃない」「なかった」「くない」が複数の品詞に跨って使用されている。調査期間を通じた否定辞の出現状況を整理してみると、動詞の非過去形（前置形態）と接続した否定辞は、「ない」が全期に現れ（1～6、10-N）、「じゃない」が2、4、8期に出現する（1～3-J）。そして「なかった」が6、7期に現れる（1-NK）。過去完了形（前置形態）と接続した否

定辞は、「ない」が2、4、6、8期に出現している（7～9-N）。形容詞（前置形態）と接続した否定辞は、「じゃない」が2～4、6～8期に出現し（4-J）、「くない」が3期以降、4期を除き見られる（1-K）。「ない」が4、7期に（11～13-N）、そして「なかった」が7期に現れる（2-NK）。形容動詞（前置形態）と接続した否定辞は、「じゃない」が3、5、8期を除き見られ（5-J）、「くない」が7期に出現する（2-K）。

M児の動詞非過去の否定形式の習得プロセス（表中の◎印）

規範形は全期に亘って見られる。1期に出現した「ない」を使用した非規範形を例5-18に示す（2-N）。発話意図から「見せてあげない」の「見せて」「あげる」「ない」の3つの意味要素のうち「見せて」と「ない」のみを接続させていると推察される。

5-18)「見せてない」（「お母さんに見せてあげるの？」と聞かれ）〔見せてあげない〕（1期）

2期には複合的な表現が見られる。例5-19に具体例を示す。「眠い」と、変化を表す「なる」、否定の「ない」を合成させたことが推察される（3-N）。

5-19)「お日様、眠いなるない」〔お日様は、眠くならない〕（2期）

例5-18、5-19から ｜□＋ない｜ のスキーマ生成が推察される。スロットの挿入形態の変化から、単純な形、単純な合成、そして融合形へと発達していくことが考えられる。

2期以降、語幹抽出を試みている様子が窺える。例5-20（4-N）、5-21（2-N）は不十分な分節化に起因する非規範的な産出であると推測される。

5-20)「入りない」〔入らない〕（3期）

「入りなさい」「入ります」といった発話から ｜入り＋□｜ が抽出されたのではないかと推測される。その一方で、｜□＋inai｜ といった一段動詞の音

韻構造のスキーマが生成されている可能性も考えられる。同様の語幹抽出の試みが例5-21からも推察される。

5-21)「何も飲みてない」〔何も飲んでない〕（4期）

「飲みます」「飲みなさい」といった発話から ｛飲み＋□｝ が生成された可能性がある。「飲む」を調査すると、「ちょっと水の飲みろよ、水」（6期）「水、飲みた」「お茶、飲み～て」（8期）といった産出が見られる。例5-20と考え合わせると、音素 i が接辞に先行する一段活用の音韻構造スキーマが生成されつつあることも推測される。

M児の動詞完了過去の否定形式の習得プロセス（表中の★▲印）

2期にタ形と「ない」の接続形態が見られる（例5-22）(7-N)。6、8期にも同様の形態が見られ、4期にはテイタ形との接続形態が出現する（例5-23）(8-N)。｛□＋ない｝ のスロットに「過去における持続性」を表す表現を用いることで発話意図に近づけていることが推察される。テイタ形はテイル形よりも習得が困難であることが指摘されている（橋本 2006b）。B児、K児には同様の形態は出現していない。6期には願望と過去の意味を表す「～たかった」との接続形態も見られ、意図が明確になっている（例5-24）(9-N)。

5-22)「使ったない」〔使ってない〕（2期）
5-23)「もってたない」〔もってなかった〕（4期）
5-24)「雪だるま、やりたかったない」〔雪だるまを作りたくなかった〕（6期）

8期には「タ形＋ない」を「～てない」へと置換させている発話が見られた。例5-25に具体例を示す（7-N、6-N）。

5-25)「見たない、見てない」〔見てない〕（8期）

発話をモニタリングしながら、規則形を獲得していく様相が見られる。

M児の形容詞の否定形式の習得プロセス

1、5期を除く全期に「形容詞＋じゃない」（例 こわいじゃない（2期））が見られる（4-J）。4期になると「形容詞＋かない」の産出が見られる。例5-26に具体例を示す（12-N）。

5-26)「むずかしいかない」（4期）

　五段活用の語尾をピボットにした ¦□＋かない¦ に固まりのままの形容詞を入れた可能性がある。kunaiとkanaiと1音素の違いであるため音韻的近接性に起因する産出ではないかと推察される。形容動詞において ¦□＋くない¦ の過剰般用が7期に見られ（例 同じくない）(2-K)、「形容詞くってない」の形態も7期に出現している（13-N）ことから、「く」を語基側に残したり接辞側につけたりといった模索の末に ¦□＋くない¦ のスキーマが確立されていくことが考えられる。「形容詞＋じゃない」のタイプ頻度が6期6で7期1と減っている（4-J）のに対し、規範形は6期が1で、7期は6と増えている（1-K）ことからも、この時期に規範的ルール獲得が進んでいる可能性が高いと推察される。

5.6　結果のまとめと総合的考察

5.6.1　L2幼児の結果のまとめ

　抽出された3名のデータを経時的に並べ重ね合わせてみる。次に、品詞ごとに結果を示す。

3児の動詞非過去の否定形式の習得プロセス（図5-6[18]）

　3児共、初期に ¦□＋ない¦、そして後に ¦□＋じゃない¦ の使用が推察

18　図5-6、5-7、5-9の点線より上は接辞部分の変化を示し、点線の下は語基側において分節化が進んでいることを表している。

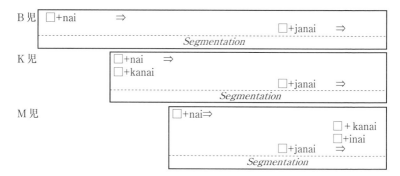

図5-6　L2幼児3名の動詞非過去の習得プロセス

された。B児、K児においては規範形が先行産出されている。L1幼児において動詞の使用が形容詞よりも多いことが報告されている（Clancy 1985）ことから、動詞の規範形を多く経験することで ｛□＋ない｝ のスキーマを早期に生成したことが考えられる。また3児共に「ない」の後に「じゃない」の使用が見られる（表5-1の1～3-J、表5-2の1、2-J、表5-3の1～3-J）が、「文＋じゃない」（表5-1の注4）の意味で産出されていた。2つの形式が規則性をもって使用されていた可能性が考えられるが、この点については、分析対象外とした「文＋じゃない」の規範的産出も含めて今後検討する必要がある。

スロットの中身に注目してみると、動作内容のみを表す「仮原形」（橋本2006b）から、テイル形（例5-9）などで時間幅を表出する形態へと変化していった。さらにモダリティ表現の「ちゃう」、意向表現の「う」（例5-10）、変化を表す「なる」（例5-19）などを付加することにより発話意図の明確化が見られた。動詞ごとに共通する音韻構造が蓄積され語基側のスキーマが抽出されることが考えられ（例5-20、5-21）、一方で一段動詞の ｛□＋inai｝（例5-20）、五段動詞の ｛□＋kanai｝（例5-11、5-26）といった接辞スキーマの生成も推察された。このことから1つの形態が語基と接辞の2つの生成過程により創造されていく可能性が考えられた。さらに規範形の産出が初期から見

られている（表5-1～5-3の1-N）ため、「スロット付きスキーマに基づいて産出された連続音を記憶にある音韻的知識と照合比較する」（橋本2006b, 2011b）ことも考えられる。動詞と接辞側のスキーマが相互作用し、かつ固まり表現との参照学習によりスキーマが精緻化されていったと言えよう。

3 児の動詞完了過去の否定形式の習得プロセス（図5-7）

　B児は ｛□+じゃない｝ → ｛□+ない｝ ｛□+なかった｝、K児は ｛□+じゃない｝ → ｛□+なかった｝ ｛□+ない｝ とスキーマの使用が変化している。一番習得が進んでいると判断されるM児は、｛□+じゃない｝ は見られず、｛□+ない｝ ｛□+なかった｝ のみの使用であった。結果を重ね合わせてみると、｛□+じゃない｝ → ｛□+ない｝ ｛□+なかった｝ へとスキーマの更新が窺える。「てない」の意味の表出形態を辿ると、動詞tajanai⇒動詞tanai⇒動詞tenaiへと規範的音韻構造へと近づいている（例5-4、5-5、5-12、5-13、5-25）（図5-8）。このようなプロセスから tenai が Vta と nai との相互作用の末に創発したことも可能性として考えられる。どの幼児も「てない」の規範形を早期より産出していたこと（表5-1～5-3中の▲印）や動詞 tanai の tenaiへの置換が見られた（例5-25）ことから、規範形との比較照合とモニタリン

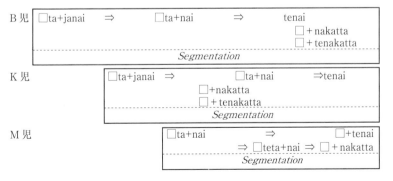

図5-7　L2幼児3名の動詞完了過去の習得プロセス

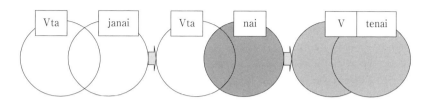

図5-8　完了過去スキーマの生成と合成

グにより習得が進んでいくことが推測される。

　スロットの中身に注目すると、過去を表すタ形、過去時の持続性を表すテイタ形（例5-23）、願望表現「たかった」の挿入（例5-24）も見られ、意図をより明確に表す形式へと変化していった。最終的に過去テンスと否定が融合した｜□＋なかった｜（例5-6、5-14）を獲得したこと、｜□＋てなかった｜の生成の可能性も推察されたことから、事態とテンスやアスペクトが融合した動詞形を分離させ、過去テンスや持続アスペクトの意味を接辞側へと移行させていくというプロセスが考えられる。

3 児の形容詞の否定形式の習得プロセス（図5-9）

　B児K児共に初期に｜□＋じゃない｜の使用が見られ、K児においては、

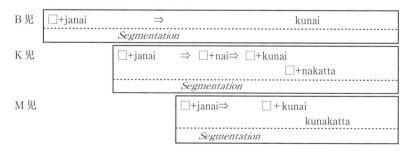

図5-9　L2幼児3名の形容詞の習得プロセス

次に ｛□＋ない｝、｛□＋くない｝ の生成も推察された。これは janai ⇒ nai ⇒ kunai へと規範的音韻構造に近づいていくことを示している。「くない」のスキーマ生成においては、「く」を形容詞側に残したり、脱落させたりといった操作が確認された（例5-15～5-17）。このことから形容詞側と接辞側間で相互作用がなされ、さらには早い段階より産出が見られた規範形の音韻的知識と比較照合することで、調整が進むことが推察された（例5-15）。また ｛□＋かない｝ の混用も見られたこと（例5-26）から、規範の使用に向けて kunai と kanai の音素単位での学習がなされることが考えられる。各使用域の確定が過剰般用の中でなされることが推察された。

3 児の形容動詞の否定形式の習得プロセス

3児共、初期より規範的産出が見られ、B児では ｛□＋じゃない｝ の生成が推察されたことから、まずは ｛□＋じゃない｝ のスキーマ生成へと一直線に繋がっていくものと推測される。

5.6.2　L1幼児とL2幼児の違い

それでは、明らかになったL2幼児のプロセスは、L1幼児とどのように異なるのであろうか。プロセスの全体像へとフォーカスを拡大しL2幼児の特徴を考えてみよう。まずは双方のプロセスを概観する。Clancy（1985）[19]が提示したL1幼児のプロセスを図5-10に示す。図5-10に対応させ、L2幼児のプロセスを図5-11に示した。

図5-10、5-11から、L1幼児は、第一段階にあらゆる品詞に「ない」を使用しているのに対し、L2幼児は、初期に動詞非過去のみに「ない」を使用

19　Clancy（1985）は、男児（1；11-2；4）（1時間調査12回）と別の男児（2；4-2；5）と女児3名（2；1-2；3、3；1-3；3、3；5-3；8）の習得初期における母親又は助手との自然発話を幼児の自宅にて収集し（計30時間分）、他のL1習得に関する先行知見（大久保1967等）と照合させながら結果をまとめている。

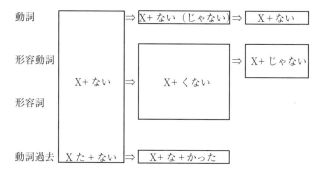

図5-10　L1幼児の否定辞使用の推移（Clancy 1985を参照し筆者作成）
注：縦の配列は時間的同時性を表さない。図5-11も同様。

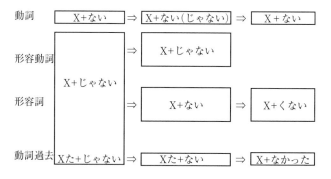

図5-11　L2幼児の否定辞使用の推移

し、完了過去・形容詞・形容動詞には「じゃない」を使用していることがわかる。L2幼児はなぜ「じゃない」を広範囲に使用したのであろうか。3児共「名詞＋じゃない」を初期より産出していたことから容易に抽出可能であったことが推測される。さらに周囲の園児を観察すると「文＋んじゃない」形式、例えば「今やるんじゃないよ」「たたいたんじゃないよ」、あるいは同意要求表現の「さっきやってたじゃない」を頻繁に産出していた。これらの表現には、さまざまなテンス・アスペクト表現との結合形態が存在する。

Wagner-Gough（1978）は、動詞接辞である ing が早期に習得される原因として、1）簡単に認識可能である、2）発話において頻繁に生じる形態である、3）音韻的に一定である、4）付加される動詞側に形態上の変化をもたらさない、を挙げている。「じゃない」は単純に付加するだけで否定形式が作れ、付加される側にも形態上ほとんど変化がもたらされないことに気づき、L2幼児が、早期に ｛□＋じゃない｝ のスキーマを生成し、便利に使用していたことが考えられる。

 それでは、なぜ、L2幼児は早期に、動詞非過去には ｛□＋ない｝ を、動詞非過去以外の名詞・形容詞・形容動詞・動詞過去には ｛□＋じゃない｝ をといった具合に、スキーマの使用を変えていたのか。L1幼児において「ない」の広範囲な使用と共に、稀に「じゃない」も使用されていたことが報告されている。これは「じゃない」が接辞というよりも１語として認識され、回避[20]のために使用されていると Clancy（1985）は指摘している。この知見と本章の研究結果を照らし合わせて考えると、L2幼児が早期に使用していた ｛□＋ない｝ は規範形を経験することで獲得された接辞スキーマであり、「じゃない」は自立的に否定の意味を表す１語としてスキーマ生成に役立てられたと推論できる。インプットが少なく形態的に複雑な接辞の「くない」「なかった」は L2幼児にとってスキーマ生成が難しく、否定の意味を示すために ｛□＋じゃない｝ を、前述した理由により早期に取り込み、意図の伝達のために暫定使用していたと言える。そしてその後、形態素レベルへと注目の次元をシフトさせ接辞スキーマ ｛□＋くない｝ ｛□＋なかった｝ を獲得し検証していったと言えよう。

 形容詞と形容動詞の細分化されたルール獲得についても考察を進めてみると、L1幼児は「くない」から「じゃない」へ、L2幼児は「じゃない」から「くない」へと、習得の方向性が逆になっている。Clancy（1985）によると、

---

20 発音、語彙、構文など、自信がなく、使用を避けるストラテジーのこと（回避）（白畑他、1999：32-23）。

L1幼児は「形容詞＋ない」の産出の後「くない」を使用するようになり、同じ物の性質を表す形容動詞にも過剰般用するようになるということである。そして形容詞＋形容動詞内のカテゴリーの細分化に伴い、形容動詞だけが名詞と同じ「じゃない」を使用することに気づくという。L2幼児は、語レベルの ｛□＋じゃない｝ をまずは使用し、時間を掛けて接辞スキーマ ｛□＋くない｝ を獲得していったと言えよう。

5.6.3 総合的考察

本章の研究においては、B児、K児、M児3名の結果を重ね合わせることで否定形式の習得のプロセスを明らかにした。L2幼児が否定辞として捉えた「じゃない」「ない」「なかった」「くない」「かない」などをピボットとした「スロット付きスキーマ」をダイナミックに増やしながら、スキーマの適格性を検討しつつ否定形式を習得していく様相を窺うことができた。また、形容詞の否定形式の「くない」、動詞過去の否定形式の「なかった」などの規範形式の習得が遅れることが明らかになった。

スキーマの更新は、否定接辞の棲み分けに関する新たな知識の再構築を示すものであった。さらに否定形が語基側と接辞側の2つの下位プロセスから成ることも明らかにした。習得の段階性としては、次のことがわかった。

語基側
第一段階：内容のみの表出
第二段階：意図の明確化に伴う複合的意味の表出
第三段階：分解と意味要素の接辞側への移行に伴う語幹抽出
接辞側
第一段階：否定のみの表出
第二段階：テンス・アスペクトなどの複合的意味の表出

語基側と接辞側の双方は、初期は不十分ながらも意図表出のために補完的関係性を保ちながら、相互に作用することで融合形態へと収束していったと

言える。

　加えて、否定形全体についても規範形との比較照合の中で精緻化されていったと言える。L2幼児は、語基・接辞・否定形全体といった3つの次元において習得の駒を少しずつ進め規範的融合形態へ辿り着くと推察された。

5.7　本章のまとめ

　本章の研究では、述語形の1つである否定形式について検討した。先行研究において指摘されていた外置から内置へと向かうメカニズムを「スロット付きスキーマ」生成により説明を行い、プロセスの段階性が1つにはスキーマの更新によってもたらされることを示した。固まり学習からルール獲得に至るまでの習得のプロセスは、漸進的かつ重層的に織り成された連続帯であることが明らかとなった。

　加えて、L1幼児と対照させることでL2幼児の特徴を明らかにした。L2幼児は、形容詞や動詞過去の否定形式の使用域において、｛□+じゃない｝というスキーマを暫定的に使用し未習領域を埋めることで、とりあえず意図の伝達を図っていた。日本語の否定形式は言語類型論的に複数の単位が融合して存在するために、インプットが多く得られず形態的に複雑な表現については、まずは語レベルの｛□+じゃない｝のスキーマを使用する段階があり、その後で形態素レベルへと注目の次元をシフトさせ習得を進めていったと言える。

　また、L2幼児の特徴として、橋本（2006b等）において指摘されているように、仮原形としてのテ形が使用されていることを確認した。

　最後に、本格的に日本語に接触した後調査開始まで既に1年半ほど経過しているM児に見られた特徴について述べる。M児は語幹抽出の非規範があり、不十分な分節化だけではなく過剰分節化も行っていた。Peters（1985）は、不十分な分節化や過剰分節化は子どもの積極的なルール生成への関わり

の証拠であると述べている。M児は、他の幼児よりも年長であり日本語に触れている期間が長いため、K児、B児よりも積極的に分節化を行う段階に達していたということが考えられる。規範の語幹抽出に至るまでは、不十分な分節化から過剰分節化へと進むことが多いのではないかと考えられる。

　次章では、本章の研究で明らかになった述語形の構造獲得のプロセスについて、願望形式において検証する。

第6章　願望形式の研究
——述語形の習得　その2——

6.1　はじめに

　前章の否定形式の研究において、述語形を習得するには、語レベルのスキーマから形態素レベルのスキーマへと注目の次元をシフトさせなければならないことが示されていた。習得の段階性は、語基側については、第一段階－内容のみの表出、第二段階－意図の明確化に伴う複合的意味の表出、第三段階－分解と意味要素の接辞側への移行に伴う語幹抽出、そして、接辞側については、第一段階－否定のみの表出、第二段階－テンス・アスペクトなどの複合的意味の表出、と進むことが明らかとなった。語基側と接辞側の双方は、初期は不十分ながらも意図表出のために補完的関係性を保ちながら、相互に作用することで融合形態へと収束していった。加えて、否定形全体についても規範形との比較照合の中で精緻化されていったと言える。このように、L2幼児は、語基・接辞・述語形全体といった3つの次元において習得の駒を少しずつ進め規範の融合形態へ辿り着くことが明らかになっている。

　本章においては、この知見を他の述語形である願望形式「～たい」において検討する。L2幼児にとって、願望形式の「～たい」はコミュニティ（幼稚園）において自己の要求を伝える重要な表現である。願望形式については、比較的多くの産出の見られたM児を対象として研究を行い、習得プロセスを探ってみる。

6.2 先行研究

L1幼児の「〜たい」の産出

　自分の気持ちを直接的に表す自己中心性の強いL1幼児は願望形式の「〜たい」を多用し、1歳8ヶ月頃より産出するという（大久保 1967）。伊藤（1990）によれば、初期に動詞単純形（終止形）を使って願望を表現し、次の段階に「〜たい」という文末形態を習得するということである。また、綿巻（2005）は、「〜たい」は2歳までに見られるが、まだ生産的ではなく、単一の動詞でしか使われないことを指摘している。

日本語の願望形式

　願望を表す標識は、英語やフランス語の場合は、動詞に前置する（フランス語の例「Je（私）veux（たい）manger（食べる）」）が、日本語においては「食べたい」と動詞の後部に位置し、述語形に内在する形となる。このように願望標識が語としてある母語のL2幼児は、階層的かつ複雑な合体物である述語形の構造をどのように読み解き、構築していくのであろうか。目標言語と母語間に同じ意味を表す単位の大きさや結合方法に差異がある場合、1対1対応の単純なラベルの貼り替えではうまくいかないことが考えられる。

　そこで、本章の研究では、願望形式の「〜たい」に焦点を当てて、述語形習得のプロセスを明らかにし、それを駆動するメカニズムについて検討する。加えてL1とL2習得の違いについてもさらに追究を進めたい。

6.3 研究課題

　研究課題は次のとおりである。
研究課題：L2幼児は、願望形式をどのように習得するのか。L1幼児とL2幼

児の習得プロセスに違いはあるのか。

6.4 研究方法

【L1調査対象児】
Y児：2005年10月（1；11）〜2007年2月（3；3）の発話データ
【L2調査対象児】
M児：2005年11月（4；10）〜2007年2月（6；1）の発話データ

分析方法
　まず願望がどのような形態で表出されているのかを調べる。各形態の時期ごとのトークン頻度とタイプ頻度を算出する。さらに非規範形に焦点を当てて記述分析を行う。具体的には、実際の発話例を抽出し、発話意図を参照しながら願望形式の変化のプロセスを探る。
　現実的な問題によりデータ数は限られてはいるものの、データは一定の基準に沿って長期に亘り収集したため、各時期の数量的比較を行うことで変化（発達）を捉えることができると考える。

6.5 分析結果と考察

6.5.1 L1幼児の分析結果と考察
　まずは、L1幼児Y児の願望形式産出の推移を表6-1に示す。表6-1は、時系列に産出形態と産出数をまとめたものである。
　Y児については1歳11ヶ月より調査を開始したが、「〜たい」は2005年12月期（2；1）に出現した。表6-1を見ると、2006年7月期、9月期になると、タイプ頻度3（7月期）、そして5（9月期）と少しずつ高くなる。それ以前は、産出がないか、タイプ頻度が1か2である。特に、12月期以降は、12月

表6-1　Y児の願望形式の産出

形態	月齢・期	2:0 10月期	2:1 11月期	2:2 12月期	2:3 1月期	2:4 2月期	2:5 3月期	2:6 4月期	2:7 5月期	2:8 6月期	2:9 7月期	2:10 8月期	2:11 9月期	3:0 10月期	3:1 11月期	3:2 12月期	3:3 1月期	2月期
名詞のみ				1														
動詞単純形																		
「〜たい」TL				4(1)	20(2)	3(1)	3(1)		1	11(2)	5(3)		7(5)	3(2)	2(1)	10(3)	9(6)	7(4)
「〜たい」NTL									1									
否定形「〜たくない」TL																	1	
過去形「〜たくなかった」NTL																	1	
産出形態																		
やる								やりたい									やりたい	やりたい
する									やりたい		したい		したい				したい	したい
飲む					飲みたい				飲みたい		飲みたい		飲みたい					
食べる						食べたい	食べたい						食べたい	食べたい		食べたい		食べたい
見る										見たい			見たい		見たい		見たい	見たい
行く										行きたい			(行って)みたい	行きたい		行きたい		
書く											書きたい							
乗る			乗る 乗りたい										(乗って)みたい					
つける																つけたい	つけたかった (過去形) つけたい	
来る																	来たい	
切る																	切りたい	
なる																	なりたい	
買う																	買いたい 買いたくない (否定形)	

注1：TLは規範形、NTLは非規範形を意味する（表6-2も同様）。
注2：左枠の願望形式の形態ごとに、時期ごとのトークン頻度とタイプ頻度（（　）内）を示す（表6-2も同様）。
注3：月齢と月齢の対応については、月期中に上がる月齢を示す（表6-2も同様）。Y児の場合、10月期に2：0になることを意味する。

期3、2007年1月期6、2月期4と比較的タイプ頻度の高い時期が続いている。2007年1月期には、過去形や否定形も出現している。このことから、少しずつではあるが願望形式を生産的かつより柔軟に産出できるようになっていることが推察される。

次に、発話の具体例により、推移を確認してみよう。

規範形「〜たい」は2005年12月期より産出が始まったが、12月期の調査初回に名詞、あるいは動詞単純形による表出も見られる。例6-1、6-2に具体例を示す。

6-1)「バナナ」〔バナナが食べたい〕（2005年12月期）

例6-1は名詞1語により「バナナが食べたい」という意味を表出している。

6-2)「ママ、ブランコ乗る？　ママ、ブランコ乗る？　乗る？　乗る？」（イントネーションを上げて）〔ママ、ブランコ乗りたい？〕（2005年12月期）

例6-2を産出直後、今度は兄に向って「乗りたい？」と産出している。「乗る」から「乗りたい」へと表現を言い換えている。子どもは、新しい機能を表すために古い動詞形を使用するというSlobin (1973) の指摘に沿う現象である。

12月期に産出された2種類の動詞の、もう1つの産出形態は「やりたい」である。「やりたい」は動作内容を特定しない軽動詞の願望形式であることから、汎用性が高く便利に使用されることが推測される。2006年1月期になると「飲みたい」、2月期、3月期には「食べたい」が産出された。規範形を1つずつ増やしている。

5月期（2；6）に、非規範の形態が産出された。例6-3に具体例を示す。

6-3)「やりしたい」（母親に訴える）〔前やった遊びをもう1回やりたい（遊びたい）〕（2006年5月期）

例6-3より、「やり」という語基が抽出され、「たい」が分節化により抽出されていることが推察される。藤原（1976）によると、L1幼児が2歳2ヶ月の時点で「いりたい」、2歳5ヶ月に「できたい」といった非規範形を産出している。「いり」「でき」と接辞「たい」を結合させた形態である。このことから、L1幼児が2歳を過ぎると語幹を抽出し、ルールを獲得できる状態になりつつあることが推測される。Y児の場合、6月期、7月期と続いて新出の動詞が加わり、9月期のタイプ頻度が5となっている。「たい」をピボットにした ¦□＋たい¦ という「スロット付きスキーマ」（橋本2011b）（図6-1）からの生産的産出であることが考えられる。

SLOT　PIVOT
□　＋　tai

図6-1　タイをピボットとした「スロット付きスキーマ」

2007年1月期には、タイプ頻度が6となり、「やりたい」「見たい」「来たい」「切りたい」「なりたい」「買いたい」といった産出が見られた。加えて、過去形の「つけたかった」、否定形の「買いたくない」が産出された。

6.5.2　L2幼児の分析結果と考察

L2幼児M児の願望形式産出の推移を表6-2に示す。表6-2は、時系列に産出形態と産出数をまとめたものである。L1幼児とは異なるプロセスを細かく見ていくために、「やりたい」は「～たい」TLとは別に表記した。

表6-2を見ると、2005年11月期前期の「やりたい」という産出から始まる。11月期後期「動詞＋やりたい」という形の表出も始まる。2006年6月期まで、この現象は続く。規範形「～たい」のタイプ頻度は2006年11月期は3で、2007年2月期は4となる。2006年11月期には、過去を表す形態のタイプ頻度が6であり、非規範形や否定形なども含めると8となり、生産性が増してい

表6-2　M児の願望形式の産出

形態 \ 月齢・期	11月期前期	11月期後期	12月期	1月期	2月期	3月期	4月期	5月期	6月期	7月期	9月期	10月期	11月期	12月期	1月期	2月期
名詞＋やりたい	1		1		3				7			1		1		
動詞＋やりたい		4 (2)		5 (5)	1				4							4 (4)
「〜たい」やりたい以外 TL				2 (2)		1	1	7 (4)	2 (1)		1		5 (3)			
「〜ない」NTL									1							
過去形「〜たかった」TL											1		10 (6)			
過去否定形「〜たかってない」[〜たかってない] NTL													2 (2)			

産出形態

やる	やりたい	やりたい	やりたい					やりたい	やりたい		やりたい	やりたい	やりたい			
見せる	見せて(やり)たい	持って(やり)たい							見せてる				見せたかった (過去形)			見せたい
持つ									持って(やり)たい				やりたかった (過去形)			
臓る			臓を(やり)たい／して(やり)たい													
する						しない	したい						したかった (過去形)			
行く								行く(やり)たい／聞こえて(やり)たい					行きたい			
聞こえる																
食べる								食べて(やり)たい／帰えて(やり)たい			食べたかった (過去形)		食べたかった (過去形)			食べたい
帰る													帰りたい			
乗る		乗りたい						乗りたい					乗りたい			
読む								読みたい								
つける										つけたい						
使う													横きたかった (過去形)			使いたい
つなげる													遠げたかった (過去形)			つなげたい
書く													書きたかった (過去形)			
遠げる																
作る													作りたかった (過去形)			
できる													できなかった (できなかってない) (過去否定形)			

ることがわかる。

次に経時的に具体例を辿ってみよう。

2005年11月期前期に名詞と願望形式の「やりたい」を組み合わせた発話が見られた。例6-4に具体例を示す。名詞1語によってゲシュタルト的に「テントウムシを採る」という事態全体を表している。

6-4)「テントウムシやりたい」〔テントウムシ採りたい〕（2005年11月期）

11月期後期になると、例6-5、例6-6のような発話が見られた。

6-5)「ぼくの、見せてやりたい」（自分のチューリップの鉢植えを見せて）〔見せたい〕（2005年11月期）

6-6)「ぼくの、持ってやりたい、これ」（幼稚園の飼育員のおじさんが、ジョウロで花に水をやっている様子を見て）〔ジョウロでお水あげたい〕（2005年11月期）

例6-5、6-6は動詞テ形と「やりたい」を組み合わせた発話である。「やりたい」によって願望の意味を表出し、動詞と組み合わせることで動作内容を明確にしている。これらの発話は意味の明確性を確保するというSlobin (1974)の指摘した操作原理に沿う。

例6-4～例6-6の発話から、図6-2に示すように、「やりたい」をピボットにした「スロット付きスキーマ」である ｛□＋やりたい｝ を生成していることが考えられる。

      SLOT   PIVOT
      □ + yaritai

図6-2　ヤリタイをピボットとした「スロット付きスキーマ」

例6-4の発話ではスロットに名詞を、そして例6-5、6-6の発話では動詞を当てはめて産出したものと推察される。例6-5は「見せて」、例6-6は「持って」といった具合にテ形を当てはめている。固まりで記憶した動詞活用形を用いて動作内容のみを表すという「仮原形ストラテジー」（橋本2006b, 2011b等）による現象と言える。表6-2で確認すると、｛□＋やりたい｝という「スロット付きスキーマ」に基づく産出は2006年6月期まで続いている。2006年1月期にも、｛□＋やりたい｝のスロットに名詞を当てはめた発話が多く見られている。例6-7、例6-8に具体例を示す。

6-7)「また、スミレやりたい」（お絵描きの時）〔また、紫色に塗りたい〕（2006年1月期）
6-8)「反対やりたい」（福笑いがシートの反対側についている）〔反対側にある福笑いで遊びたい〕（2006年1月期）

例6-7の「スミレやりたい」は「紫色に塗りたい」を意味し、例6-8の「反対やりたい」は「反対側にある福笑いで遊びたい」を意味している。コンテクストに依存した語用論的発話である。動詞語彙が足らず、名詞で代用したものと推察される。

1月期には、「□＋やりたい」のスロットに動詞のテ形のみではなく、ル形も入れた発話も見られている。例6-9に具体例を示す。

6-9)「蹴るやりたい」（皆でサッカーボール遊びをしている時、M児に蹴るチャンスが巡ってこない）〔蹴りたい〕（2006年1月期）

例6-7〜例6-9より、1月期は｛□＋やりたい｝スキーマが活性化していることが推察される。スロットに名詞や動詞といった多様な言語アイテムを当てはめることで意図を表出していることから、｛□＋やりたい｝が生産性の高いルールとなっていることがわかる。

一方で、1月期に「やりたい」以外の規範形が産出される（例6-10）。「やりたい」を除くと、初めての規範形である。まだ、固まりのままの産出であ

ると推察される。

6-10)「これ、乗りたい」(小さい玩具のバスを指して)〔これに乗りたい〕(2006年1月期)

2月期になっても、1月期に見られた ｛□（名詞）＋やりたい｝ から創造された発話の産出が残存している。例6-11に具体例を示す。例6-11はスロットに海を当てはめている。「海」で「海みたいにして遊ぶ」を意味している。

6-11)「海やりたい」(シンクで青い絵の具の筆を洗っている時)〔青いお水を溜めて海みたいにして遊びたい〕(2006年2月期)

これ以降、名詞を入れた発話が見られない(表6-2)ことから、スロットの中に動詞を入れるというルールを獲得したことが可能性として考えられる。

5月期には、｛□＋やりたい｝ スキーマからの産出がタイプ頻度4となり(例6-12〜6-14)、｛□（動詞）＋やりたい｝ スキーマの活性化が窺える。スロットに例6-12は「行く」、例6-13は「聞こえて」、例6-14は「食べて」を当てはめている。表出したい意図が増え動詞の語彙も増えるが、規範形がわからず、動詞と「やりたい」を単純にくっつけて産出したものと推察される。

6-12)「はい、ここ、行くやりたい？」(自分で並べた大きなブロックの上を)〔行きたい？〕(2006年5月期)
6-13)「フランス語、しゃべる、聞こえてやりたい？」〔(自分が)フランス語をしゃべるのを聞きたい？〕(2006年5月期)
6-14)「これオオカミ、食べてやりたい」(絵本の物語を説明する)〔オオカミは食べたい〕(2006年5月期)

例6-13は音声レコーダーを指しての産出である。「しゃべる声が聞こえるという出来事を要求するのか」という意味になる。つまり、出来事を全体でゲシュタルト的に捉え、それを望むかどうかを問うている。

一方で、同時期に規範形「帰りたい」も産出されている。｛□＋やりたい｝ スキーマが、規範形がわからない際のバックアップ装置（Adamson & Elliot

1997)のような役割も果たしていることが考えられる。

　5月期後半には例6-15のような発話が見られた。

　6-15)「これも、読みやりたい」(絵本を指して)〔これも読みたい〕(2006年5月期)

　動詞語基と「やりたい」を結合させた形態である。活用形から語基を抽出し、活性化していた従来のスキーマ ¦□+やりたい¦ に当てはめたものと推察される。規範の構造に近づいたことから、願望形式に語基を使用するというルールに気付いた可能性がある。構造スキーマをとりあえずは生成し、その後、スロットの中身を修正するという方向性が窺える。

　6月期には例6-16のような非規範形が見られた。「〜たい」の意味で異なった接辞を付加している。

　6-16)「見せてる」(魚の絵がたくさん載っている絵本を見ながら、「M、やりたい」というM児の発話に対し、「何を?」と聞いた後の産出)〔(サメを)見せたい〕(2006年6月期)

　例6-16は接辞側を「たい」ではなく「てる」と非規範で産出している。「見せる」の産出を辿ってみると、2005年11月期に「見せてやりたい」と産出し、2006年6月期に例6-16の「見せてる」を産出し、その後11月期と2007年2月期に規範形の「見せたい」を産出している。

　2006年7月期以降、¦□+やりたい¦ からの非規範形の産出は見られず規範形のみの産出である(2006年9月期に「つけたい」、11月期に「見せたい」「行きたい」「乗りたい」が産出されている)。L2幼児は、5月期、6月期に語幹を動詞形から抽出し、接辞の部分は「やりたい」ではなく(「てる」でもなく)「たい」であるという知識を明確にしたことが考えられる。「たい」をピボットとした ¦□+たい¦ スキーマ(図6-1参照)が生成されている可能性が考えられる。

　動詞ごとに変化を追ってみると、2006年11月期には、「動詞+やりたい」といったスキーマから産出されていた動詞が規範形に置換された発話を確認

できる。2006年5月期に産出された「行くやりたい」(例6-12) は例6-17に示すように「行きたい」(2006年11月期) と修正されている。

6-17)「あ～あ、ぼく、トイレ、行きたいな」(外遊びが終わった時)(2006年11月期)

「食べる」についても変化を確認できる。2006年5月期に ｜□＋やりたい｜から産出された「食べてやりたい」(例6-14) は2007年2月期に規範の「食べたい」となっている。

2007年2月期の規範形のタイプ頻度は4となっており、具体例は「見せたい」「食べたい」「使いたい」「つなげたい」である。

これまでのプロセスをまとめると、スロットに、名詞などなんでも入れてしまう時期から動詞のみを入れる時期へ、そして語幹を当てはめる時期へと変遷を確認できる。

2006年9月期には、過去形の産出が始まっている。例6-18に具体例を示す。

6-18)「もっと食べたかった」(輪投げをしている時、自分なりのルールを作っている。M児の持っていた輪投げの棒が（対戦相手の）輪を「食べる」と表現している)(2006年9月期)

「たかった」は、11月期にタイプ頻度が6になっていることから、生産的に産出されていると指摘できる。例6-19、6-20に具体例を示す。

6-19)「でもつまんない、2つ描きたかった」(工作の時に2種類の絵があり、その1つを選ぶように言われた時)(2006年11月期)
6-20)「雪だるま、やりたかったない」(工作の時)〔雪だるまを描きたくなかった〕(2006年11月期)

また、例6-20に示すように「たかったない」と非規範形を産出していることから、「たかった」を固まりのまま記憶し、｜□＋ない｜スキーマと合成させたことが推察される。｜□＋ない｜スキーマの生成については、本書第5章の否定形式の研究において確認している。このことから、図6-3に示すよ

```
         SLOT      PIVOT
          □   +   takatta
```

図6-3　タカッタをピボットとした「スロット付きスキーマ」

うな「たかった」をピボットにした「スロット付きスキーマ」が生成されている可能性が考えられる。

6.6　結果のまとめと総合的考察

6.6.1　L2幼児の結果のまとめ

　ここでL2幼児の願望形式の習得プロセスを整理してみる。まずは、｜□＋やりたい｜のスロットの中身に注目すると、次に示すように概ね3つの段階が推察された。

1) 名詞や動詞（仮原形のテ形など）なんでも入れてしまう。
2) 動詞（非規範）のみを入れる。
3) 動詞語基（語幹）を入れる。

　さらに、願望を表出する形態に注目してみると、非過去形については3つの段階が推察された。

1) 動詞語基と接辞が融合した形態「やりたい」を使用する。
2) 「やりたい」を接辞として使用する（｜□＋やりたい｜スキーマを生成する）。
3) 「やりたい」を分節化し接辞「たい」を抽出し使用する（｜□＋たい｜スキーマを生成する）。

　過去形および過去否定形については、この後の段階となる。

4) 過去を表す「たかった」を使用する（｜□＋たかった｜スキーマを生成する）。

5) 過去を表す「たかった」に否定を表す「ない」を結合させる（|□ + たかった| スキーマと |□ + ない| スキーマが合成する）。

6.6.2 L1幼児とL2幼児の違い

それでは、願望形式獲得に至るまでのL1幼児とL2幼児のプロセスを対照させてみよう。L1幼児とL2幼児の産出の推移をわかりやすくするために、4ヵ月ごとにデータを整理してみると表6-3と表6-4のようになる。

まずは、表6-3に基づいてL1幼児の産出プロセスについて考えてみる。先

表6-3　L1幼児の願望形式の産出

形態＼時期	第1期	第2期	第3期	第4期
名詞のみ	1			
動詞単純形	4（1）			
「〜たい」TL	25（4）	15（5）	15（8）	28（10）
「〜たい」NTL		1		
過去形「〜たかった」TL				1（1）
否定形「〜たくない」TL				1（1）

表6-4　L2幼児の願望形式の産出

形態＼時期	第1期	第2期	第3期	第4期
「やりたい」	5	11	1	6
名詞＋「やりたい」	8（5）			
動詞＋「やりたい」	6（4）	9（5）		
「〜たい」（やりたい以外）TL	1	3（2）	1	9（6）
「〜たい」NTL		1		
過去形「〜たかった」TL			1	10（6）
過去否定形「〜たかったない」「たかってない」NTL				2（2）

行研究における、単純形から規範形へ進み、初期は単一の動詞の規範形しか見られないという知見（綿巻 2005）も統合して考えると、概ね、次のようにまとめることができる。

第一段階：名詞、動詞単純形による表出
第二段階：規範形「〜たい」の産出
第三段階：|□＋たい| スキーマの生成
第四段階：過去形「〜たかった」、否定形「〜たくない」の産出。

一方、表6-4に基づいてL2幼児の産出プロセスについて考えてみると、概ね次のとおりとなる。

第一段階：「やりたい」の産出
第二段階：|□＋やりたい| スキーマの生成（スロットの中身を名詞から動詞へ）
第三段階：規範形「〜たい」（「やりたい」以外）の産出
第四段階：|□＋たい| スキーマの生成
第五段階：過去形「〜たかった」の産出
第六段階：過去形 |□＋たかった| スキーマの生成、過去否定形 |□＋たかった| と |□＋ない| スキーマの合成。

L1幼児とL2幼児の共通点と差異について、次のようにまとめることができる。

1) 全体の流れとして、L1幼児およびL2幼児とも、非過去形・肯定形の産出が、過去形・否定形よりも早い。但し、L2幼児において、非過去否定形は見られず、過去否定形は「たかった＋ない」といった単純に合成した非規範の形態となっている。
2) L1幼児では初期に名詞のみの1語文の産出、動詞単純形による産出が見られたが、L2幼児については観察されなかった。
3) L2幼児は、|□＋やりたい| スキーマ生成の後、|□＋たい| を習得する。
4) L2幼児の第二段階の |□＋やりたい| のスロットの中身に注目してみ

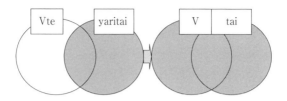

図6-4　願望形式スキーマの生成と合成

ると、名詞から動詞へ推移している。L1幼児における第一段階における名詞から動詞へといった流れと同様で、具体的な名詞から抽象度の高い動作を表す動詞へといった習得の流れは普遍的であると言える。1語文の段階で内容語の習得を十分に行うL1幼児と異なり、L2幼児はインプットを十分に蓄積する間もなく、コミュニティに参加しなければならない。ゆえに、L2幼児は、L1幼児の初期の内容語のみの習得段階がかなり短縮され、内容語と機能語（機能辞）の獲得のスタートラインがほぼ同時であることから、｛□（名詞、動詞仮原形）＋やりたい（機能語）｝といった「スロット付きスキーマ」を生成させたと推察される。

　願望形式は動詞語基、接辞、願望形式全体といった3つの次元において習得が進み規範的融合形態へ辿り着いたと推察できる（図6-4）。動詞側はVte、Vruから規範の語基へと修正され、接辞側は、yaritaiからtaiへと分節化がなされていた。

　このように、L1幼児とL2幼児は「～たい」を固まりで習得し分節化をし接辞の「たい」を獲得する。名詞から動詞へ、非過去形から過去形へと進む習得の方向性も類似していた。しかし、L2幼児には、機能標識を含む軽動詞の願望形式「やりたい」を早期に獲得し、活用する段階があった。具体的には、「やりたい」をピボットにした｛□＋やりたい｝スキーマ生成の段階がL1幼児よりも多くあるということになる。

6.6.3 総合的考察

本章の研究では、L2幼児がどのように述語形を獲得するのかを明らかにするために、願望形式「〜たい」に焦点を当てて探り、L1幼児とL2幼児の違いも明らかにした。

L1幼児とL2幼児の習得の方向性は類似しているが、L2幼児にはL1幼児と比べ ｛□＋やりたい｝ スキーマを生成し活用する段階が多く存在した。母語と日本語のユニットの違いから、軽動詞の機能つきの表現を機能語として初期に使用したことが考えられる。フランス語の「veux（たい）」を「やりたい」と対応させて習得していることが1つの可能性として考えられる。その後「たい」を抽出していたことから、「やりたい」をピボットにした ｛□＋やりたい｝ が規範形獲得の足場掛けとなっていたと言える。また、この「スロット付きスキーマ」を使用することで意図を伝達していたことから、本書3.2.8.2で示したように、「スロット付きスキーマ」のコミュニケーションを成立させる機能を確認したと言えよう。L2幼児にはL1幼児より段階が多く存在するという知見（橋本 2011b 等）を支持する結果となった。さらに過去否定形の習得段階になると否定標識を外置することから始め、その後規範形を獲得することが明らかとなった。L2幼児においては、機能を1つ増やすごとに、単純なユニットの結合を繰り返すことが示された。

6.7 本章のまとめ

本章の研究結果は、「スロット付きスキーマ合成仮説」（橋本 2011b）の妥当性を願望形式において示したと言える。接辞側は汎用性の高い軽動詞の願望形式（例 やりたい）を起点とし、動詞側は固まりの仮原形（例 食べて）を基に習得が進んでいき、双方が相互作用し合成するという知識の統合化プロセスを明らかにした。固まり学習を習得の起点とする用法基盤モデルの主張に沿うものであり、その連続性を具体的に示したと言える。

L2幼児は、動詞側と接辞側のスキーマを合成させ、それを保持しつつ、時間を掛けて規範形へと置換させていた。前章の否定形式の研究において指摘したとおり、述語形全体へと注目の次元がシフトすることで、規範形が獲得されると言えた。

　否定形式においては、過去の意味を初期は語基側で表し（例 行ったない）、その後接辞側へ移行させていた（例 行かなかった）が、願望形式の場合は、過去と願望の意味を表す「たかった」を用いて接辞側で表していた。この違いは、願望形式の出現が否定形式の出現より遅いため、規範の過去形「たかった」のインプットを多く蓄積していたことに起因するのではないかと推測する。

　前章および本章の研究と先行研究（橋本 2006b, 2007, 2011a, b 等）の結果を振り返り、述語形スキーマのピボットの部分を確認してみると、タ形および否定形式については、動作内容などを含まない接辞側の固まり（例 ちゃった、だった、じゃない）、可能形式については軽動詞（機能を表す動詞）（例 できる）、願望形式については軽動詞＋接辞（機能）（例 やりたい）となっている。このことから、言語ユニットの抽出に、決まったルールがあるのではなく、インプットに多く知覚的にも卓立性があり、L2幼児にとって意味の単位として切り取りやすいものが抽出されていると指摘できる。

第7章　全部否定表現形式の研究
―― 複雑な文構造の習得 ――

7.1　はじめに

　第5章においては、L2幼児の固まりを基にした述語内の否定形式の習得プロセスを明らかにした。しかし、否定表現には、述語形のみで否定の意味を表すものだけではなく、他の語を用いて文の内容すべてを否定する全部否定[21]表現もある。この場合、述語内の構造だけでなく、文全体に注意を払う必要がある。本章では疑問語を使用した全部否定表現形式を研究対象とする。筆者の観察によると、全部否定といった強調表現を好む幼児とそうでない幼児がいることが推察された。そこで、本章の研究においては、比較的長期間に亘り全部否定表現形式の産出の見られたB児を対象とし、習得のプロセスを探ってみたい。

7.2　先行研究

日本語の全部否定表現形式

　全部否定表現の構造は、次に示すように疑問語と呼応する形態である（寺村 1991）。

---

[21]　全否定や全体否定といった言い方があるが、本章の研究では寺村（1991）に倣い全部否定と称すことにする。

構造— X〔疑問語句（疑問名詞（＋格助詞））〕　モ　＋　P〔否定〕
　　例　誰も来ない。
　　　　何も知らない。

　英語の場合、全部否定は、nothing（何も〜ない）や nobody（誰も〜ない）といった具合に1語で表すことができる。日本語では、語や形態素を使って呼応関係の構造を組み立てなければならない。英語母語のL2幼児は、疑問語を使用した全部否定表現形式をどのように習得するのであろうか。

　本章においては、全部否定表現に焦点を当てて、呼応形態を有する文構造がどのように獲得されていくのかを明らかにする。寺村（1991）は、「疑問語句（疑問名詞（＋格助詞））も＋否定」といった構造で全部否定的な表現効果をもつ代表的な疑問語として、「誰」「何」「どこ」「どう」「どんな〜」を挙げている。大久保（1967）の資料を見ると、L1幼児が早期に産出する疑問語は「何」「どこ」（双方とも1：8に出現）と「誰」（1：11に出現）である。そこで、本章の研究においては、疑問語「何」「どこ」「誰」を使用した全部否定表現形式に焦点を当てて調査を行う。

否定標識の外置から内置への発達

　第5章では、英語やスペイン語などのさまざまな言語を対象にしたL1およびL2習得研究において、否定形式の発達過程の共通性が報告されていることを説明した。その内容は、否定辞を外側に付加する外置否定（external negation）から内置否定（internal negation）へ進み、さらに未分析から分析された語へ移行するということであった（Butterworth & Hatch 1978; Ellis R. 1994; Klima & Bellugi 1966; McLaughlin 1981; Milon 1974; Schumann 1979 等）。

　伊藤（1990）によると、否定の初期の構造は、英語の場合、「S ⇒ no＋核文（語群）」（例 no singing song）、あるいは「S＝核文＋no」である（Klima & Bellugi 1966）が、日本語では、「文⇒核文（1語または数語文）＋ナイ」（例 うたう　ない）であると指摘している。他の多くの日本語の習得研究において

も、「ない」「じゃない」を未分析の語に外置することから内置した規範的形態へ進むという同様の現象が確認されている（大久保 1967; 家村 2001; Clancy 1985; Kanagy 1991, 1994 等）。

L2幼児については、第5章および第6章において述語形に焦点を当てて同様の現象を報告し、外置から内置へと進む現象は、機能標識をピボットにした「スロット付きスキーマ」の生成に起因するものと指摘した。

英語を母語とするL2幼児は、疑問語使用の全部否定表現の機能標識をどのように捉え、どのように文の構造を発達させていくのだろうか。

7.3 研究課題

研究課題は次のとおりである。
研究課題：L2幼児は、疑問語を使用した全部否定表現形式をどのように習得するのか。L1幼児とL2幼児の習得プロセスに違いがあるのか。

7.4 研究方法

調査対象児
【L1調査対象児】
Y児：2005年10月（1；11）〜2007年2月（3；3）の発話データ
【L2調査対象児】
B児：2005年10月（4；1）〜2007年3月（5；6）の発話データ

分析方法
　対象児の自然発話から疑問語使用の全部否定を表出する発話を抽出し、出現状況と形態的変化に注目し記述的分析を行う。疑問語使用の全部否定表現

形式は強調表現であり、そもそも頻用されるものではない。さらに現実的な問題により多くのデータ数を得られないが、長期に亘る採集により形態の変化（発達）を捉えることができると考える。

7.5 分析結果と考察

7.5.1 L1幼児の分析結果と考察

表7-1　Y児の全部否定表現形式の産出

形態＼月齢時期	2:0 10月期	2:1 11月期	2:2 12月期	2:3 1月期	2:4 2月期	2:5 3月期	2:6 4月期	2:7 5月期	2:8 6月期	2:9 7月期	2:10 8月期	2:11 9月期	3:0 10月期	3:1 11月期	3:2 12月期	3:3 1月期	2月期
何でもない										●							
何も〜ない														●			●
どこにもない														●			
どこにも〜ない												●					
誰もいない														●			

注1：●印は出現を表す（表7-2も同様）。
注2：疑問語を使用した「〜でもない」は、厳密に言えば「疑問語句（疑問名詞＋（格助詞））＋否定」（寺村 1991）といった構造ではないが、L2幼児において当該表現として非規範で使用されていたため、分析対象に含めた（表7-2参照）。
注3：月期と月齢の対応については、月期中に上がる月齢を示す（表7-2も同様）。例えば、Y児の場合、10月期に2：0になることを意味する。

L1幼児Y児の疑問語使用の全部否定表現形式の出現状況を表7-1に示す。

表7-1によると、疑問語と否定を組み合わせた表現の初出は2006年7月期（2：8）である。前述したようにL1幼児の疑問語の出現は1歳後半から見られる（大久保 1967）ため、疑問語を理解した上での産出と言えよう。11月期（3：0、3：1）には、「何」「どこ」「誰」といった研究対象表現とした疑問語が全て出揃っている。

それでは、L1幼児Y児の産出事例を経時的に辿ってみよう。2006年7月期に「何でもない」という疑問語と否定の呼応形態が見られた。例7-1に具

体例を示す。

7-1)「何でもない」(2006年7月期)

その後、「何」ではなく、「どこ」を使用した全部否定表現形式が9月期に産出される。例7-2に具体例を示す。動詞は非過去である。

7-2)「どこにも行かないよ」(2006年9月期)

11月期になると、さらに「誰」「何」を使用した産出が見られる。例7-3、7-4に具体例を示す。「何」「どこ」「誰」と疑問語の種類が増えている。例7-4の動詞は過去形で複雑な形態となっている。疑問語の種類が増え、動詞の否定形式も多様かつ柔軟に産出されていることから、「疑問語も＋動詞＋否定」といった構造を基に、生産的に産出されていることが考えられる。このような産出状況から、{□（疑問語）も＋□（動詞）＋否定}といった構造スキーマが生成されている可能性が考えられる。

7-3)「誰もいない」(2006年11月期)
7-4)「何も持ってなかった」(2006年11月期)

2007年2月期になると、例7-5、7-6に示すように「どこ」「何」を使用した産出が見られる。全部否定表現形式の構造スキーマが柔軟に使用されていることが考えられる。

7-5)「どこにもないよ」(2007年2月期)
7-6)「何も書いていない」(2007年2月期)

L1幼児の疑問語使用の全部否定表現形式の出現は3歳前[22]で、規範形態に

22　伊藤（1990）は、L1幼児が「なんにもあります」（4：7）と産出した後、父親から「なんにも？」と聞き返され、「なんにもありません　なんにもない」と自己修正したことを報告し、L1幼児は、4歳、5歳くらいまで、「なんにも」を「ない」と併用し否定の意味を表すことをなかなかつかめないと考察している。しかし、本研究対象のL1幼児においては、3歳前後で産出が見られ、さらに、別のL1幼児についても調査を試みたところ、3歳1ヶ月に疑問語使用

よるものであった。L1幼児は数ヶ月の間に「何」「どこ」「誰」と疑問語の種類を増やしていき、{疑問語も＋動詞＋否定}といった構造スキーマを生成していることが推察された。

それでは、L2幼児はどのように疑問語使用の全部否定表現形式を習得するのであろうか。

次に、L2幼児の産出を分析する。

7.5.2　L2幼児の分析結果と考察

L2幼児B児の疑問語を使用し全部否定を表出する発話の出現状況を表7-2に示す。

調査開始の2005年10月期より2006年5月期まで全部否定表現の産出はなく、2006年6月期より始まる。述語否定形の産出は初期より見られている（5.5.1参照）ことから、L2幼児にとって、疑問語使用の全部否定表現形式が早期には獲得できない構造であることがわかる。「何も」を用いた全部否定表現形式が6月期に産出され、9月期に「誰でも」を用いた全部否定表現形式が出現する。「何も」を用いた呼応形態の全部否定表現形式「何も～ない」は、2007年2月期、3月期になって出現している。「どこ」を用いた全部否定表現形式は見られなかった。

それでは産出形態の具体例を経時的に辿ってみよう（表7-2参照）。

2006年6月期に「何も」だけで否定の意味を表出する発話が見られた。例7-7に具体例を示す。

7-7)「何もいけないだ」〔何もいけないことはしていない〕（2006年6月期）

の全部否定表現形式が規範で産出されている。このことからL1幼児の疑問語使用の全部否定表現の習得は3歳前後であることが推察される。しかし、疑問語と否定といった呼応形態による産出は、文末まで注意を保持しなければならず、その分認知的処理能力を割く必要があり負担が掛かる。そのため全部否定表現形式を習得した後も非規範を産出してしまうことがあるのではないかと考える。

表7-2 B児の全部否定表現形式の産出

形態＼月齢時期	4:1 10月期	4:2 11月期	4:3 12月期	4:4 1月期	4:5 2月期	4:6 3月期	4:7 4月期	4:8 5月期	4:9 6月期	4:10 7月期	5:0 9月期	5:1 10月期	5:2 11月期	5:3 12月期	5:4 1月期	5:5 2月期	5:6 3月期
何も									●								
何もない									●		●				●	●	
何もない+□													●			●	
何も+□+ない																●	
何でも+□+ない																	●
誰でもない										●							
誰でもない+□										●							
誰もない													●				
誰もない+□													●				
誰もいない													●				
誰もいない+□													●				

同時期に「何もない」のみを産出する（例7-8）。例7-8は具体的な意味を表す動詞は用いていない。

7-8)「何もない」（コップの中を覗き込んで）〔お水が入ってない〕（2006年6月期）

9月期になると、「誰でもない」という産出と共に、例7-9に示すように「誰でもない＋動詞」といった産出が見られた。

7-9)「誰でもない作った」（お味噌汁を指して）〔誰も作ってない〕（2006年9月期）

「疑問語もない」と動詞夕形を単純にくっつけた形態となっていることから、図7-1に示すように ｛誰でもない＋□（動詞）｝ という構造スキーマが生成されていることが推察される。「誰でもない」が全部否定の機能標識として固まりで記憶され、この表現をピボットした「スロット付きスキーマ」（橋本 2011b）が生成されたのではないかと考える。例7-9は、「誰でも」ではなく「誰も」が規範である。スロットの中に「作った」を当てはめたものと推察される。過去の出来事を表すために夕形を使用しているが、呼応形態の

```
            PIVOT           SLOT
          daredemonai   +    □
```
図7-1　ダレデモナイをピボットとした「スロット付きスキーマ」

構造に文全体を正すと、動詞は現在完了のテナイが規範である。

　11月期になると、｛誰もない＋□（動詞）｝（図7-2）からの産出と推察される発話が見られた。例7-10に具体例を示す。

7-10)「誰もない切った」（マンゴーを指して）〔誰も切ってない〕（2006年11月期）

```
            PIVOT           SLOT
           daremonai    +    □
```
図7-2　ダレモナイをピボットとした「スロット付きスキーマ」

9月期に見られた「誰でもない」（例7-9）が「誰もない」（例7-10）へ修正されている。スロットには、例7-9と同様に、動詞のタ形「切った」を単純に当てはめている。「誰も切ってない」が規範であるため、疑問語の部分のみ修正されたと言える。文全体が一遍にではなく部分的に修正され、少しずつ規範に近づいているようだ。

　さらに同時期に「誰もいない」と文が結合した構造が産出された。例7-11に示す。

7-11)「誰もいない一緒に遊ぶんだよ」〔誰も一緒に遊んでくれないんだよ、一緒に遊んでくれる人が誰もいない〕（2006年11月期）

例7-11から｛誰もいない＋□｝といったスキーマが生成されていることが推察される（図7-3）。「誰」を用いた表現に注目すると、「誰でもない」「誰もない」「誰もいない」とバリエーションが増えている。例7-11は主語が人であるため、「いない」を使用した可能性が考えられる。スロットの中身は、例7-9、7-10では動詞だけであったが、例7-11では、「一緒に遊ぶ」といった

文になっていることから1文に含める情報量が増えていると言える。

PIVOT　　　　　SLOT

daremoinai　＋　□

図7-3　ダレモイナイをピボットとした「スロット付きスキーマ」

さらに、「何もない」をピボットにした「何もない＋動詞＋人」の構造が出現した。例7-12に具体例を示す。

7-12)「何もない習ってる人？」（皆に質問する）〔習い事を何も習ってない人？〕
（2006年11月期）

例7-12は、{何もない＋□} スキーマ（図7-4）のスロットに、「習ってる」を当てはめ、それを関係代名詞の構造スキーマである {□＋人} のスロットに当てはめたのではないかと推察される。「人」をピボットにした「スロット付きスキーマ」が生成されていることが考えられる。名詞についても「スロット付きスキーマ」が生成されることは橋本（2011b 等）において指摘されている。双方のスキーマが合成することで「何もない＋ 習っている ＋人」といった重層的な構造になっている。

例7-12のテイル形は進行を表すというアスペクトの意味では規範である。呼応形態に文を正すと動詞をテナイにしなければならない。

PIVOT　　　　　SLOT

nanimonai　＋　□

図7-4　ナニモナイをピボットとした「スロット付きスキーマ」

2007年2月期にも固まりで捉えた「何もない」をピボットにした {何もない＋□} スキーマからの産出が見られる。例7-13に具体例を示す。

7-13)「何もないしたの」（「何したの？」と聞かれて）〔何もしてない〕（2007年2月期）

例7-13は、|何もない+□| のスロットの中に、「した」を当てはめたものと推察される。さらに終助詞「の」が付いていることから、|何もない+□| スキーマと終助詞「の」をピボットにした |□+の| スキーマとの合成による産出であることが考えられる。

その一方で、同時期に |何も+動詞+ない| の産出が見られた。「何も」と「ない」が分離した規範形態である。例7-14、例7-15に示す。

7-14)「何もやってないよ」(女の子に足が当たり「僕やってないよ」と産出した後)(2007年2月期)
7-15)「何もしないよ」〔何もしてない〕(2007年2月期)

これらの発話から、図7-5に示すように、「何も+□+ない」といったスキーマが生成されていることが推察される。例7-15は、「何もしてない」と言うべきところを「何もしないよ」と産出している。|何も+□+ない| のスキーマ(図7-5)に動詞を入れているが、動詞のアスペクトを表す形態が不完全である。例7-14のアスペクト表現が規範であるため、「何もしない」が固まりのまま記憶されており、即時的に取り出せる表現であった可能性が考えられる。

PIVOT　　　SLOT　　　PIVOT
nanimo　+　□　+　nai

図7-5　ナニモ～ナイをピボットとした「スロット付きスキーマ」

3月期になると、|何でも+動詞+ない| といった構造の産出が見られた。例7-16に具体例を示す。

7-16)「僕、何でも言ってないよ」〔僕、何も言ってないよ〕(2007年3月期)

「何でも」は非規範である。周囲の園児が、「どうしたの?」と聞かれた際「何でもない」と産出している様子が観察されている。この「何でもない」

第7章　全部否定表現形式の研究　123

から｛何でも＋□＋ない｝といったスキーマ（図7-6）を生成し産出したことが考えられる。あるいは「誰でもない」が既に産出されているので、「誰でもない」と｛何も＋□＋ない｝との相互作用により創発したのかもしれない。述語側に注目すると、バリエーションが増えたと言える。

```
   PIVOT      SLOT     PIVOT
   nandemo  +   □   +   nai
```
図7-6　ナンデモ〜ナイをピボットとした「スロット付きスキーマ」

B児の全部否定表現形式のスキーマの生成と発達を整理すると、次のようになる（図7-7参照）。

最初に「何も」、そして「何もない」を獲得した。「疑問語も否定」構造の表現については、「誰でもない」「誰もない」「誰もいない」とバリエーションが増えた。「誰でもない」については、「誰でも」が「誰も」へと、「ない」が「いない」へと、疑問語側と否定側の双方において修正がなされた。この

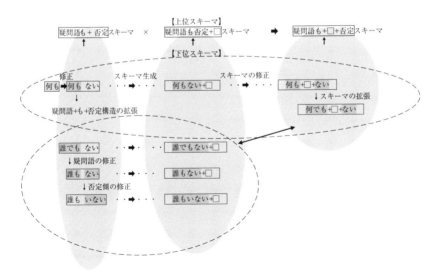

図7-7　全部否定表現形式のスキーマの発達

ことから、｜疑問語も＋否定｜といった呼応形態の構造スキーマが生成されていることが考えられる。さらに、これらの表現をピボットにした｜誰でもない＋□｜、｜何もない＋□｜｜誰もない＋□｜、｜誰もいない＋□｜といった「スロット付きスキーマ」が生成された。これらのスキーマはL2幼児が能動的に生成した、抽象度の低いルールと言える。これら類似構造をもつバリエーション豊かな表現からは、｜疑問語も否定＋□｜といった上位スキーマが生成されていることが考えられる。図7-7に示すように、上位スキーマと下位スキーマといったスキーマ的知識の多層化が考えられる。最後に「何も＋□＋ない」といった規範構造の｜疑問語も＋□（動詞）＋否定｜スキーマが獲得された。「疑問語も＋□＋ない」を過剰般用した拡張スキーマ｜何でも＋□＋ない｜が見られた。既に獲得していた表現「誰でもない」、あるいは、L1幼児のデータにもあったが、インプットに多く観察された「何でもない」との相互作用から生成されたことも可能性として考えられた。

　能動的に生成したルールである｜疑問語も否定＋□｜スキーマが規範の｜疑問語も＋□＋否定｜スキーマへと修正される途上には、インプットにある規範の具体事例との比較参照がなされたことが推測されるが、初期に生成された｜疑問語も＋否定｜スキーマとの相互作用により規範の文構造のスキーマに辿り着いたことも1つの可能性として考えられるであろう。

7.6　結果のまとめ

7.6.1　L2幼児の結果のまとめ

　L2幼児が全部否定表現を文単位、あるいは句単位の固まりで記憶し、ユニットとして使用している様相が見られた。初期には、固まりのままの使用が、やがて疑問語側と述語側とが分離したスキーマが生成されることが推察された。疑問語と否定表現とが呼応する形態が、初期は固まり学習され、その後分離と置換によって拡大使用されていくという方向性が確認された。

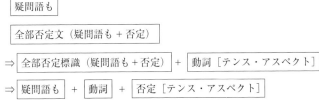

図7-8 全部否定表現形式の外置から内置へ発達

　L2幼児の規範に至るまでの全部否定表現形式の発達プロセスをまとめると図7-8のとおりとなる。

　全部否定表現形式の構造は、全部否定標識を外置することから内置することで獲得されていったと言える。述語形の否定形式と類似した現象である。L2幼児は、まずは具体的な「疑問語も」「疑問語もない」を全部否定標識として習得することが考えられた。初期に「何もない」の産出が見られたことから、「何もない」が全部否定表出文の知識の組織点となっていたのかもしれない。「何もない」の産出に遅れて「誰でもない」、そして「誰もない」といった産出が見られ、バリエーションが増えたことから、上位の {疑問語もない＋□} といったスキーマが生成されていることが推察された。初期に固まりで捉えられた全部否定標識（例 何もない）に含まれていた否定標識「ない」は、文の述語側へと移行した（図7-8）。

　このように疑問語側と述語側の双方において発達が見られ、疑問語側にあった否定標識が述語側へと移行したことから、スキーマの生成と双方の相互作用により全部否定表現形式の習得が進んでいったと言える。

7.6.2　L1幼児とL2幼児の違い

　L1幼児とL2幼児を比較してみると、L1幼児は規範の全部否定表現形式を初期より産出していた。L2幼児には {疑問語もない＋□} スキーマを生成する段階が多くあった。

図7-9 全部否定表現形式の英語と日本語の対応

　L2幼児は、「疑問語もない」を全部否定の標識としてまずは獲得し、その後発話意図を明確にし、情報量を増やすために、|疑問語もない＋□| スキーマのスロットに言語ユニットを単純に当てはめていた。スロットの中身はテンス・アスペクト表現が付与されたもの（例7-9、7-10、7-12、7-13）であったことから、L2幼児がテンス・アスペクトを既に理解している段階にあったことがわかる。スロット内の発達や統語および形態上の修正は、その後なされていた。|何もない＋□| |誰もない＋□| スキーマは、人間の処理容量の原理からひと固まりで処理されるものであり、記憶と想起のしやすさを無意識に目指した簡素化された文法と言える。こういった産出は母語の転移も考えられる。L2幼児が母語のユニットに対応する日本語表現を1対1対応で切り取ったということである。たとえば、図7-9に示すように、「誰でもない」をnobodyと対応させユニット抽出時の手がかりとしていたことが推測される。Andersen（1984）は、One to One Principleで意味と形式をマッピングさせていくことを指摘しているが、本章の研究では1対1対応で母語の形式と目標言語の形式とを対応させていたことが可能性として考えられた。

7.7　本章のまとめ

　本章の研究では、L2幼児が複雑な文構造をどのように構築するのかを明らかにするために呼応形態を有する疑問語使用の全部否定表現形式に焦点を当てて追究した。否定述語形の構造獲得のプロセスと同様に、標識を外置す

ることから内置へと進めていくことを指摘した。

　外置から内置へと進むプロセスは、「スロット付きスキーマ合成仮説」により説明が可能であったが、本章の研究では「スロット付きスキーマ」のピボットは、語・形態素だけでなく文レベルにも応用でき、「疑問語もない」といった文をピボットにしたスキーマの生成を指摘した。

　L2幼児は、固まりで捉えた全部否定標識を早期に中間言語に取り込むことで意図を表出し、その後、疑問語側と述語側の双方において修正を行っていた。また修正は双方において一遍になされるのではなく、部分的に進んでいった。自動化が進むまでは双方に注意資源を割くことがむずかしいからかもしれない。呼応関係の知識はスキーマ情報として保持されたまま発達していくことが推察された。このことから機能を表す最も単純でインプットに多い具体の表現（例 何もない）が生産性を有する構文構築の基点となっていたことも1つの可能性として指摘できる。

　具体的な表現から抽象化が進みスキーマ生成するプロセスは、Bybee（2008）等が指摘した具体的表現から抽象的なパターンへと進む道筋に沿うものであり、用法基盤モデルの有効性を示すものであったと言える。本章の研究では、下位スキーマと上位スキーマという抽象度の異なる構文スキーマの生成が推察された。

　また、L1幼児の違いとして、L2幼児には |疑問語もない＋□| スキーマを生成する段階が多くあることを明らかにし、母語である英語の全部否定表現（例 nobody）と、ひと固まりで捉えた日本語の全部否定表現（例 誰でもない）を対応させて初期の構造を作り上げるという母語転移の可能性も指摘した。

第8章　理由表現形式の研究
——複文構造の習得——

8.1　はじめに

　第5章から第6章まででは述語形の内部構造、そして第7章では呼応形態をもつ文の構造がどのように習得されるのかを明らかにした。どれも単文に関する研究であったため、本章においては複文の構造について検討したい。理由表現は、事態と理由の2種類の事項があって成立する表現であり、単文と複文レベルの表現がある。理由表現は、幼児が自分の主張を通そうとして頻繁に使用する。そこで、L2幼児は初期にどのような理由表現を産出するのか、そして、それはどのように発達していくのかを追究する。

　理由表現には接続詞や接続助詞など複数あるが、その中でも「だって」と「から」は、L1幼児が比較的多く使用する表現である（大久保 1967）。そこで、本章の研究では「だって」と複文構造のある「から」に焦点を当てて研究を行うことにする。研究対象は「だって」と「から」の双方を比較的多く産出していたM児を対象に、習得プロセスを探ることにする。

8.2 先行研究

まずは、「だって」と「から」の用法を整理しておく。

「だって」の用法

庵他（2001）によれば、「だって」には、次の1)および2)に示す2つの用法がある。

1) 理由を問われて答える。

 A：どうして、今日学校行くの？
 B：だって、試験があるから。

2) 相手から非難されたり何らかの行為を促されたりしているような場面で、自分の態度の理由を釈明する。

 母：お魚も食べなさい。
 子：だって、骨があるんだもん。

森田（1989）は、①相手の命令や勧誘に対し従わぬ理由、②相手の意見を否定する理由という用法を指摘しているが、2)がこれに相当すると考える。

文末に終助詞「もの（もん）」がよく使われ、「だって、〜もの／もん」は、子どもが口答えする時に使用されると指摘されている（グループ・ジャマシイ編著1998）。

さらに、上記した、2者間のやりとりである1)、2)の用法に加えて、森田（1989）は「前の文で述べたことに対して、その理由を説明する」という用法も挙げている。次に示す。

3) 自分の態度を述べて、続いて理由を述べる。

 B：今日、大学に来た。だって、授業があるから。

この用法について、庵他（2001）は、意味は2)で、異なる形態のものとして扱っている。

「から」の用法

「から」は、「純粋に理由原因を表し、話し手の主観に関する表現」（永野1952）である。

1) 理由を問われて答える。

A：どうして上達したの？
B：一生懸命練習したから。

2) 自分の態度（事態）の理由を1文で釈明する。

B：一生懸命練習したから、泳げるようになった。

従属節で後続する主節の理由を述べる。「本来的用法」（白川1991等）と言われる。

3) 先行文の事態の理由を釈明する（水谷2000 等）。

B：泳げるようになった。一生懸命練習したから。

4) 文末に位置する単文で、語用論的機能をもつ（白川 1991; Iguchi 1998; Ohori 1995）。

「派生的用法」と言われ、「相手に現在の行動をやめさせたり、相手の行動の実行を促す」機能（A：食べたくない。B：栄養があるから。）（許1997）や「相手に向かって強い決意を表す」機能（B：じゃあ、帰るから。）（白川1991）などのモダリティ的機能が指摘されている。

L1幼児の「から」と「だって」の産出

L1幼児の産出状況（大久保1967）を見ると、接続助詞の「から」は1歳11ヶ月から（文末にくる終助詞的用法は1歳10ヶ月から）産出し始め、2歳7ヶ月から接続詞の「だって」を産出している（例 だってさ、これ読むんだもの

(2;7))。「から」については、終助詞的用法が先に多出し、文と文とを接続する用法が遅く出ると指摘されている。

8.3　研究課題

研究課題は次のとおりである。

研究課題：L2幼児は理由表現形式をどのように習得するのか。L1幼児とL2幼児の習得プロセスに違いがあるのか。

8.4　研究方法

【L2調査対象児】
M児：2005年11月（4；10）〜2006年11月（5；10）の発話データ

分析方法
まず発話データから理由を表す表現形態を抽出し、数量的分析により全体的使用傾向を捉える。次に、各表現の使用パターンを分析し、パターンの使用割合を調べる[23]。これらの結果を参照しながら、産出された発話の記述分析を行い、構造の発達を探る。

8.5　分析結果と考察

8.5.1　全体的傾向

理由を表す表現[24]の産出状況を調べたところ、「だって」と「から」の産出に加え、調査初回より「だってが」が頻繁に見られた。「だってが」は発

23　パターンのコード化について他の研究者と照合した。Inter-rater reliability は100％である。
24　理由表現「だって」「から」「ので」「ため」「せい」「くせ」「のに」「おかげ」の産出を調べた。

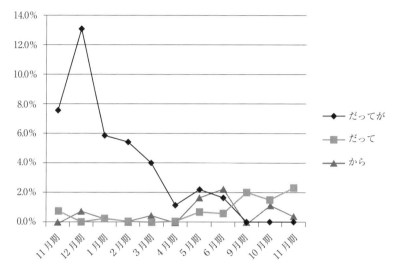

図8-1　M児の理由表現の総発話数における使用割合の推移

音上の誤りとみなすには数が多いため、1つの標識としてM児が中間言語に取り込んだものと判断し分析対象に含めた。図8-1に、月ごとの総発話数に対する「だってが」「だって」「から」の使用割合の推移を示す。

図8-1より、次の傾向を捉えることができる。初期の2005年11月期から2006年4月期は「だってが」の使用割合が他の理由表現「だって」「から」より高く、使用割合は、11月期は7.6％、12月期は13.0％でピークを迎え、それ以降は、1月期5.8％、2月期5.4％、3月期4.0％、4月期1.1％と減少している。5月期から「から」の出現が増え、5月期1.7％、6月期2％となり、それ以降も産出は続く。9月期以降「だってが」の使用が消滅し、「だって」の使用が急増する。「だって」の産出は、9月期2％、10月期1.5％、11月期2.3％である。

このことから、4月期と9月期を境にした概ね3つの時期が浮かび上がってくる。1つの非規範的標識「だってが」が広範囲に使用される11月期から4月期の第Ⅰ期、5月期以降の複数の標識「だってが」「だって」「から」が

使用される第Ⅱ期、9月期からの規範標識「だって」「から」が使用される第Ⅲ期である。

8.5.2 「だってが」から「だって」への形態的移行

前述の分析から異なる様相を呈する3つの時期が確認された。次に、類似形態の「だってが」と「だって」の関係性に注目してみる。「だってが」と「だって」の使用数を時期ごとに算出し、表8-1に「だってが」と「だって」表現の使用と時期のクロス集計表を示す。

「だってが」と「だって」の使用の変化を図示すると、図8-2のようになる。

第Ⅰ期は「だってが」が多く、第Ⅱ期も同様で、第Ⅲ期は「だってが」が少なく「だって」が多い。このようなことから、L2幼児が「だってが」を

表8-1 「だってが」と「だって」の使用と時期のクロス表

表現		時期	Ⅰ期	Ⅱ期	Ⅲ期	合計
	だってが	度数	87	44	0	131
		期待度数	65.1	42.7	23.2	131
		表現の%	66.4	33.6	0	100
		期の%	96.7	74.6	0	72.4
		総和の%	48.1	24.3	0	72.4
		調整済み残差	7.3	0.5	−10.1	
	だって	度数	3	15	32	50
		期待度数	24.9	16.3	8.8	50
		表現の%	6	30	64	100
		期の%	3.3	25.4	100	27.6
		総和の%	1.7	8.3	17.7	27.6
		調整済み残差	−7.3	−0.5	10.1	
合計		度数	90	59	32	181
		期待度数	90	59	32	181
		表現の%	49.7	32.6	17.7	100
		期の%	100	100	100	100
		総和の%	49.7	32.6	17.7	100

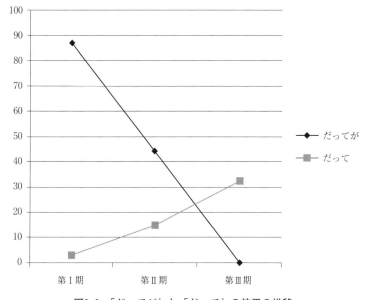

図8-2 「だってが」と「だって」の使用の推移

「だって」へと置換させたことが推測される。連続した流れとして捉えると、第Ⅱ期が「だってが」から「だって」への過渡期に相当すると言える。

8.5.3 「だってが」「だって」「から」の産出プロセス

それでは、第Ⅰ期から第Ⅲ期までの各時期に、実際に何が起きているのかについて個々の具体例を検証していく。

「だってが」「だって」「から」の産出パターンの推移

まずは、各標識の産出パターンとその使用数の推移を表8-2に示す。

表8-2より、「だってが」から「だって」へと使用が移り変わる中で、「から」の「だってが」「だって」との併用と単独使用の両方が混在していることがわかる。具体的な産出状況と変化を捉えるために、標識ごとに記述分析

を行う。「だってが」、そして「だって」、最後に「から」の順に産出プロセスを探る。まずは、「だってが」のプロセスを辿ってみよう。

「だってが」の産出プロセス

　第Ⅰ期は、「だってが」が広範囲に使用される時期である。表8-2を見ると、2005年11月期の「だってが●」の産出割合は91％に相当する。具体例を例8-1〜8-3に示す。

　8-1）「だってが」（ポシェットを見て取ろうとする）〔ポシェットをしているから遊びに行けない〕（2005年11月期）
　8-2）「だってが、そこに」〔だって、そこにあるから〕（2005年11月期）

　事態や理由を言語化していなかったり、指示詞を使用していることから、コンテクストへの依存度が高い。「だって」の「自分の態度（事態）の理由釈明用法」に当たる。

　8-3）「だってが、アリとキリギリス」（アリとキリギリスを描きながら）〔ぼくはアリとキリギリスを描きたいから描く〕（2005年11月期）

　「アリとキリギリス」は童話の題名であるため固まりで記憶していると思われる。例8-1〜8-3に示すように、大量に産出された「だってが」の後に、指示語やひと固まりで記憶した表現を非規範的に接続している。「大量かつスムーズに産出され、かつ不適切な使用も見られる」（Peters 1983）ことから、固まりで産出されている可能性が高い。「だってが」をピボットとした「スロット付きスキーマ」（橋本 2011b）が生成されていることが推察される（図8-3）。

　　　　　　　　　　PIVOT　　　SLOT
　　　　　　　　　　Dattega　+　□

　　　　図8-3　ダッテガをピボットとした「スロット付きスキーマ」

第 8 章 理由表現形式の研究　137

表8-2 「だってが」「だって」「から」の産出パターンの形態的変化

表現 \ 月齢時期	4;11 11月期	5;0 12月期	5;1 1月期	5;2 2月期	5;3 3月期	5;4 4月期	5;5 5月期	5;6 6月期	5;9 9月期	5;10 10月期	5;11 11月期
だってが●	91%	78%	83%	80%	79%	100%	47%	33%			
	21	14	25	4	11	1	20	20			
	7.6%	10.1%	5.0%	4.3%	2.4%	1.1%	2.0%	1.5%			
●だってが			3%				2%				
			1				1				
			0.2%				0.1%				
●だってが●		17%	7%	20%	7%		2%				
		3	2	1	1		1				
		2.2%	0.4%	1.1%	0.2%		0.1%				
だってが●から		6%			7%		2%	2%			
		1			1		1	1			
		0.7%			0.2%		0.1%	0.1%			
だってが●から●			3%								
			1								
			0.2%								
だって●	9%		3%				9%	8%	100%	50%	75%
	2		1				4	5	3	7	18
	0.7%		0.2%				0.4%	0.1%	2.0%	1.3%	1.6%
●だって●							2%	3%		7%	13%
							1	2		1	3
							0.1%	0.1%		0.2%	0.3%
だって●から							2%				
							1				
							0.1%				
だって●から●							2%	2%			
							1	1			
							0.1%	0.1%			
●から●					7%		14%	20%		14%	4%
					1		6	12		2	1
					0.2%		0.6%	0.9%		0.4%	0.1%
●から							19%	30%		29%	8%
							8	18		4	2
							0.8%	1.3%		0.8%	0.2%
月ごとの総発話数	278	138	497	92	455	90	1011	1376	150	526	902

注1) 各項目の横（上段）に、月ごとの理由表現総産出数における使用割合を示し、中段に産出数（トークン頻度）を、下段に月ごとの総発話数（表の最下段）における使用割合を示した。本文の分析では理由表現総産出数における使用割合を参照する。

注2) 使用割合が10%以上の箇所に網掛けし、おおよその傾向がわかるようにした。

注3) ●は事態あるいは理由を表す部分を示す。但し、「だってが」「だって」のみの産出は、産出後に理由を述べたい、あるいはコンテクストから理解して欲しい、といった意図が推察された（例8-1参照）ため、便宜上「だってが●」、「だって●」に分類した。

注4) 月期と月齢の対応については、月期中に上がる月齢を示す。例えば、11月期は4;11になることを意味する。

スキーマは、データの蓄積により生成される（Dabrowska 2000）と考えられるため、｛だってが＋□｝スキーマは、L2幼児自らがインプットからボトムアップで作り上げたルールと言える。例8-2〜8-6に示すように、スロット内に名詞、動詞などのさまざまな形態が入っていることから、生産的に使用されていると判断できる。｛だってが＋□｝スキーマが長期記憶に保存され、かつ活性化されやすい状態にあったと推測できる。

M児を対象に助詞の習得プロセスを調査した研究（橋本 2009, 2011b）においては、｛これが＋□｝スキーマが生成されていることが確認されている。例8-4、8-5は｛だってが＋□｝と｛これが＋□｝の合成発話と推察される。

8-4)「だってが、これが、チューリップ」（チューリップの鉢植えを持ち上げながら）〔これが、ぼくのチューリップだよ〕（2005年11月期）

8-5)「だってが、これが、これが、持って」（お母さんが作ったのかと聞かれた時）〔これは持って来た（おかあさんは作っていないの意味）〕（2005年11月期）

例8-4はスロットに際立ちのある名詞を入れゲシュタルト的に表わしている。例8-5は11月期最終調査回に産出されたものだが、動詞が入っている。この調査回に「だってが」と接続した他の動詞は軽動詞の「ある」、「いない」と「壊れて」である。動詞テ形が動作内容のみを表す原形の如く固まりのまま使用されていることが考えられる。例8-5の「持って」、同時期に産出された「壊れて」も「仮原形ストラテジー」（橋本 2006b）によるものと推測される。

12月期になると、「だってが」を使用した長い発話が産出された。例8-6に具体例を示す。

8-6)「だってが、これが、ぼくの、見つけた、アリ、ちっちゃいの」〔これは、僕が見つけたちっちゃいアリ〕（2005年12月期）

橋本（2009）ではM児において｛ぼくの＋□｝スキーマの生成が確認されている。例8-6は｛だってが＋□｝｛これが＋□｝｛ぼくの＋□｝スキーマが

合成したものと推察される。スロット内における伝達情報量が増えている。

12月期は、このようなスロット内の発達と共に、全体の構造にも変化が見られた。11月期は ｛だってが＋□（理由）｝ のみの産出であったが、バリエーションが生じている（表8-2参照）。12月期2回目調査回では、｛□（事態）＋だってが＋□（理由）｝ が出現している。例8-7、8-8に具体例を示す。

8-7)「アリまっ黒、だってが、おうちの外」（お絵描きをしながら赤いアリも描いている）〔こっちのアリはまっ黒だよ、だって、おうちの外にいるから〕（2005年12月期）

8-8)「海、だってが、いっぱいの」（シンクに溜まった青い水を指して）〔海みたいになった。だって、青い水がいっぱいだから〕（2005年12月期）

例8-7、8-8からわかるように、スロットには名詞、形容詞などを入れゲシュタルト的に表出している。事態が言語化されていることから、11月期に産出された ｛だってが＋□｝ よりも構造が発達している。

12月期の調査3回目になると事態表出の表現がより長くなっている。例8-9に具体例を示す。

8-9)「先生、ちょっとの、ハサミの、洗って、だってが、糊、つけて」（ハサミに糊がついている）〔先生、ちょっと、ハサミを洗って来る。だって、糊がついているから〕（2005年12月期）

「洗って」「つけて」は仮原形ストラテジーと推測される。非規範的ではあるものの、動詞、副詞「ちょっと」、目的語「ハサミ」が産出され、統語的な発話になっている。橋本（2009）では、「ちょっとの」「ハサミの」が ｛□＋の＋□｝ スキーマとの合成により創発した形態であることが報告されている。

12月期には、「だってが」と「から」が併用された「だってが●から」が出現している。「から」の初出発話である。「から」の初めての出現が「だってが」との併用ということになる。｛だってが＋□（理由）＋から｝ という

構造になっている。例8-10に具体例を示す。

> 8-10)「だってが、これが、ぼくの、描いてあるから」（自分の描いた絵を指して、見て欲しそうにする）〔これは、ぼくが描いた絵だよ〕（2005年12月期）

例8-10においても ｛これが＋□｝｛ぼくの＋□｝ スキーマが使用されていると推察される。掲示物や連絡帳を指して「～が書（描）いてある」とＭ児が説明する場面が多く観察されている。このことから、「書（描）いてある」が想起されやすい状態にあったと推察される。単純なスキーマの合成と手持ちの語を駆使して、なんとか意図を伝えようと試みていることがわかる。自分の絵を見るよう促していることから、例8-10の「から」はモダリティを含む派生的用法（許 1997）に相当する。

12月期調査２回目以降、「だってが●」（表8-2）に分類した発話に変化が見られた。例8-11、8-12に具体例を示す。

> 8-11)「だってが、だってが、だってが、あつい、嫌い」〔カレーライスはあつ（熱）いから嫌い〕（2005年12月期）
> 8-12)「見て、だってが、これが火事になっちゃった、真っ黒なっちゃった」〔火事になっちゃったから、真っ黒になっちゃった〕（2006年１月期）

例8-11、8-12は、理由と事態の両方が述べられ、｛だってが＋□（理由）＋□（事態）｝といった構造を呈している。例8-11は「あつ いから、嫌い」、例8-12は「火事になっちゃったから、真っ黒になっちゃった」[25]と言うべきところである。理由・事態の産出順序は、理由が先、事態が後となっており、「から」の複文構造と同じである。

2006年１月になると、「だってが●から●」（表8-2）が出現する。｛だってが＋□（理由）＋□（事態）｝」に「から」を加えた ｛だってが＋□（理由）＋

---

[25] 記載した「　」内の表現は他にも考えられるが、①対象児が「から」に注目しつつある段階にある、②「から」は単純に述語に接続すればよいため他の表現（テ形など）よりも使用が容易である、ことから、一番可能性の高い表現であると判断した。

から＋□（事態）｜という構造になっている。例8-13に具体例を示す。

> 8-13)「だってが、真黒なっちゃうから、だめ」（先生が説明したことを友達に伝える）〔手が真黒になっちゃうから、マジックで書いたら、だめだよ〕（2006年1月期）

｜だってが＋□＋から｜（例8-10）と、｜だってが＋□＋□｜（例8-11、8-12）が相互作用することで｜だってが＋□＋から＋□｜（例8-13）が創発したと推測できる。「だってが」と「から」の2つの標識を使用することで、意図がより明確に示されている。

以上の分析より、第Ⅰ期は｜だってが＋□｜構造に強く依存しつつも、スロット内と全体の構造において発達していることを確認することができた。さらに僅かではあるが「から」を少しずつ取り込み、規範的構造の模索を始めていたと言えよう。「だってが」への依存は、第Ⅰ期、第Ⅱ期と徐々に減っていき、第Ⅲ期には完全に消える。

次に「だって」に焦点を当ててみる。

「だって」の産出プロセス

「だって」は、第Ⅰ期に僅かに見られ（11月期2発話、1月期1発話）、第Ⅱ期になると「だってが」に比べると使用割合は少ないものの、産出パターンが4つに増えた（表8-2参照）。第Ⅰ期に産出された「だって」の具体例を例8-14、8-15に示す。

> 8-14)「だって、そこ、ある」〔だって、そこにあるから〕（2005年11月期）
> 8-15)「だって、水ジャー」〔だって、水がジャーってなってるから〕（2006年1月期）

例8-14は指示詞と軽動詞、例8-15は名詞と擬音語と単純に接続させている。コンテクストへの依存度が高い。「だってが」と同様に図8-4に示すようなスキーマが生成されている可能性が考えられる。｜だって＋□｜のスロットの

中に手持ちの語彙を当てはめ、意図を表出しようとしている。

PIVOT　　　SLOT

Datte　＋　　□

図8-4　ダッテをピボットとした「スロット付きスキーマ」

　第Ⅱ期になるとスロットの中身に発達が見られた。5月期の調査3回目には ｛だって＋□｝ のスロットに、より長い語の連なりを当てはめている。例8-16に具体例を示す。

　8-16)「だって、女の子、全部もっちゃった」〔だって、女の子が（ブロックを）全部もって行っちゃった〕(2006年5月期)

　例8-16では、「もって行っちゃった」が言えず、「もっちゃった」になっている。複合動詞の規範的産出に至るまでには、1段階多くステップを踏まなければならないことが橋本（2006b, 2011b）において指摘されている（例「降ってきちゃった」を「降ってちゃった」と産出)。

　第Ⅱ期に生じた「だって」を使用した発話パターンの多様化の例を挙げる。多様化したパターンは、第Ⅰ期の「だってが」の産出パターンと同様である。本書8.5.2の結果と考え合わせると、「だってが」から「だって」への置換操作が考えられる。

　5月期に「●だって●」が出現する。例8-17に具体例を示す。

　8-17)「僕がお休み大好き、だって、お仕事ない」〔僕はお休み大好きだよ、だってお仕事ないから〕(2006年5月期)

　｛□（事態）＋だって＋□（理由）｝ の構造となっている。事態が明確に述べられている。

　5月期の調査4回目に「だって●から●」(表8-2)が見られる。｛だって＋□（理由）＋から＋□（事態)｝ の構造となっている。例8-18に具体例を示

す。｛だってが＋□＋から＋□｝（例8-13）に代わり出現したものと推察される。

8-18)「だって、むずかしいから、これもって」〔むずかしいから、これもって〕（2006年5月期）

6月以降、「だって●」（表8-2）の発話に変化が見られた。例8-19、8-20に具体例を示す。｛だってが＋□（理由）＋□（事態）｝（例8-11、8-12）に代わり、「だって」による｛だって＋□（理由）＋□（事態）｝が産出される。

8-19)「だって、椅子ある、椅子できない」〔椅子があるから、座れない〕（2006年6月期）
8-20)「だって、このレストラン、いっぱいいる人、いっぱい開けて」（M児の父親はコックなのでレストランのことをよく知っている）〔このレストランはたくさん人が来るから、開店時間が長い〕（2006年6月期）

橋本（2007）においてM児が｛□＋できない｝スキーマを生成していることが確認されていることから、例8-19は｛□＋できない｝のスロットに「椅子」を当てはめたものと推察される。

第Ⅲ期になると、「だって」の産出は、合計すると9月100％、10月57％、11月88％で多い（表8-2参照）。

例8-21は「●だって●」（表8-2）の例である。｛□（事態）＋だって＋□（理由）｝といった構造になっている。

8-21)「ずるい、だって、あのね、たんぽぽとばら組とすみれ、お外に遊びた」〔ずるい、だって、たんぽぽ組と、ばら組と、すみれ組はお外で遊んだ〕（2006年10月期）

最後の動詞形は規範的ではないものの、後方スロットに長い語の連なりを入れている。動詞形は語基「遊び」に「た」を繋げている。L2幼児において｛□＋た｝スキーマが生成されていることが確認されている（橋本2006b等）ため、M児にもその可能性が考えられる。

「だって」の産出を見ると、呼応すべき終助詞が欠けているものがほとんどであるが、「の」「よ」の使用を試みている発話が見られる。例8-22、8-23に具体例を示す。

8-22)「だって、落っこちてんの」〔だって、落っこちるから〕（2006年10月期）
8-23)「だって、あついだよ」〔だって、あつ（暑）いんだもん〕（2006年10月期）

例8-23は文末に「もん」を使用すべきだがM児は獲得していない。終助詞の語彙レベルの表現上の区別といった段階から、「だって」と終助詞との共起（呼応関係）といったより大きな統語レベルへと「注目の次元を少しずつ上げ、習得が漸進的かつスパイラルに進んでいく」（橋本 2011b 等）と推測される。

以上をまとめると、「だってが」から「だって」への過渡期に相当する第Ⅱ期は、「だってが」による産出を残存させつつ、第Ⅰ期に「だってが」で使用したパターンを「だって」において試している時期であったのではないかと推察される。つまり、「だってが」の構造（だってが+□、だってが+□+□、□+だってが+□、だってが+□+から、だってが+□+から+□）を確保したまま、「だってが」を「だって」へと置換させたということである（図8-2、表8-2参照）。しかし、「だって」の多様な構造は、「だって」を含む構造という同一カテゴリーで括られ、|だって+□| から発達したと推測することも可能である。つまり、|だって+□| から |だって+□+□| |だって+□+から| |だって+□+から+□| へ進展していったということである。明確なことは言えないが、L2幼児の頭の中で、さまざまな要因が相互に影響しながら発達していったのではないかと考える。第Ⅲ期は「だって」の単独使用のみの産出となる。

それでは、最後に「から」の産出を辿ってみよう。

「から」の産出プロセス

「から」の初出は、例8-10に示したように、第Ⅰ期12月期の「だってが」との併用パターン「だってが●から」であった。表8-2で確認すると、第Ⅱ期に「だってが●から」（5月期2％、6月期2％）、「だって●から」（5月期2％）の産出が見られるが、割合は少ない。もう1つの併用パターン「だってが●から●」は第Ⅱ期に見られず、「だって●から●」が産出される（5月期2％、6月期2％、例8-18参照）。これら「から」と「だって（が）」を併用した発話の使用割合と比べると、第Ⅱ期の「から」の単独使用は合計すると5月期33％、6月期50％で多い。「だって（が）」を産出せずに「から」だけで理由を表出できることに注目し、積極的に使用を試みていたのではないかと推察される。「から」の単独使用は、第Ⅰ期、第Ⅱ期に見られた｜だって（が）＋□＋から｜、｜だって（が）＋□＋から＋□｜構造の「だって（が）」を削除したものと推察される。

第Ⅱ期における具体例を例8-24〜8-26に示す。

8-24)「日本語上手から」〔日本語が上手だから〕（2006年5月期）
8-25)「ぐるぐる回ってから」〔ぐるぐる回ってるから〕（2006年6月期）
8-26)「ここにむしゃむしゃから」〔ここをむしゃむしゃ食べてるから〕（2006年6月期）

例8-24〜8-26に見られるような非規範的な使用から、図8-5に示すように「から」をピボットにしたスキーマが生成されていると推察される。例8-24〜8-26は、｜□＋から｜のスロットの中に、語基、仮原形のテ形、擬態語を当てはめて産出されたものと推測される。

PIVOT　　　SLOT
□　＋　kara

図8-5　カラをピボットとした「スロット付きスキーマ」

他のスキーマと合成したと推察される発話も見られる。例8-27に具体例を示す。

8-27)「これ、作ってできないから」〔これ、作れないから〕（2006年5月期）

例8-27は、｛□+できない｝スキーマ（橋本2007）のスロットに仮原形の固まり「作って」を入れ、さらに｛□+から｝のスキーマと合成させたものと推察される。

次に示す例8-28のような非規範的な産出もなされている。

8-28)「僕したよ、これ、から」〔これを僕したから〕（2006年6月期）

例8-28は、スロットに発話「僕したよ、これ」をそのまま当てはめたと推察される。「から」と接続させ規範的構造を獲得するには、スロット内で形態素や統語の調整が必要である（例8-24～8-28）。

6月期に見られた「●から●」の具体例を例8-29に示す。

8-29)「大きな魚じゃないから、遊ぶ」〔大人の魚じゃないから遊ぶ〕（2006年6月期）

｛□（理由）+から+□（事態）｝の構造となっており、理由と事態の両方を含めた「から」の本来的用法である。

第3期は、「から」の単独使用のみである。例8-30に具体例を示す。

8-30)「お片付けから、ドッチボールやりたいお片付け」〔お片付だから、ドッチボールやりたいけどお片付けする〕（2006年11月期）

例8-30は、「お片付だから、ドッチボールやりたいけどお片付けする」といった複雑な構造になっている。橋本（2009）において、多種類の助詞を一遍に産出し始めるL1幼児と異なり、L2幼児は助詞を1種類ずつ使用し検証する傾向があることが指摘されている。例8-30では、「から」のみが産出され、「けど」の産出ができていない。

以上、「から」の産出は、第Ⅰ期に｛だってが+□｝に取り込まれること

で始まった。第Ⅱ期は「だってが」と「から」を併用した構造を「だって」に変え、その一方で、「から」の単独使用に気付き、積極的な使用を行っていた時期であったと言える。第Ⅲ期には「から」の単独使用の構造に発達が見られた。第Ⅲ期は、「だって」と「から」の単独使用のみに落ち着いていることから、経済性の原理により「だって」と「から」を単独使用するというルール作りを行ったことが考えられる。

8.5.4 「から」構文と「だって」構文の獲得プロセス

ここで、各標識のプロセスを整理してみよう。M児は、理由標識「だってが」を1つ確保すると、スロット内に注目し、単語を増やしたりスキーマを合成したりして、まずは発話意図に近づけることに処理能力を使っていた。漸進的に「だってが」から「だって」へと変遷し、並行して「から」が包摂され中間言語システムが再構築されていったと言えよう。｛だって＋□｝、｛□＋だって＋□｝、そして、｛□＋から｝、｛□＋から＋□｝ の構造獲得プロセスをまとめると次のようになる（図8-6参照）。

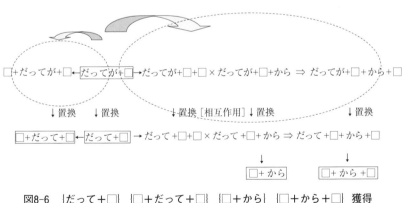

図8-6 ｛だって＋□｝｛□＋だって＋□｝｛□＋から｝｛□＋から＋□｝ 獲得のプロセス

注：×は同標識を含む構造の相互作用を示す。

推察された「から」構文獲得プロセス：

1) ｛だってが＋□｝ を基盤として、｛だってが＋□＋□｝ ｛だってが＋□＋から｝ が生じ、相互作用により、｛だってが＋□＋から＋□｝ が創発する。

2) 「だってが」を「だって」に置換するという語レベルの操作を行う。（｛だって＋□＋□｝ ｛だって＋□＋から｝ との相互作用により ｛だって＋□＋から＋□｝ を獲得している可能性もある。）

3) 「だって（が）」と「から」の併用により意味の明確化を図るが、必ずしも必要ではないことに気付き、「だって（が）」を削り、「から」の単独使用の ｛□＋から＋□｝ ｛□＋から｝ を獲得する。

推察された「だって」構文獲得プロセス：

1) ｛だってが＋□｝ を基盤として ｛□＋だってが＋□｝ が生じる。
2) 「だってが」を「だって」に置換する。
3) ｛だって＋□｝ ｛□＋だって＋□｝ を獲得する。

｛だってが＋□｝ を基盤とし、「だって」と「から」それぞれ異なる方向へと習得が潜行していたことがわかる。

8.6　結果のまとめ

8.6.1　L2幼児の結果のまとめ

L2幼児 M 児は、「だってが」を初期より産出し、約8ヶ月間使用し続けていた。Hakuta（1974）は、初期に、数の一致や時制が考慮されていない *there is*（*are*）構文の不適切な使用や *do you* といった固まりの疑問標識の使用を報告し、固まり表現を使うことで正確な言語構造に関する知識をもたなくても機能文を産出することが可能になることを指摘している。インプットを手がかりに記憶した固まり表現の使用により、意図の伝達を行っていたこ

とが推察された。

　それでは、なぜ、「だって」ではなく「だってが」のスキーマが初期に生成されたのであろうか。M児の助詞習得を調査した橋本（2009）では、M児が語と語の間に「が」を当てはめていた様子を報告している。比較的発話の初頭部に来る主語や感情表現の対象を表す「が」（例 リンゴが好き）から、「が」を初頭部につけるというルールを獲得したのかもしれない。M児の発話には、「なんで」に「が」をくっつけた使用も見られる（例 なんでが、ちっちゃい）。このように考えると、最初は「だって」に「が」を付加し、その後自動化し中間言語に取り入れたことが推測できる。また、子どもは不完全なデータの欠如した部分を推論により補う（Alishahi & Stevenson 2010）ため、「だってさ（sa）」と語尾aから「だってが（ga）」を推論したことが1つの可能性として考えられる。大久保（1967）のデータでは、L1幼児の「だって」の初出の発話は「だってさ〜」であり、周囲の園児が「だってさ〜」を使用していたことも観察されている。いずれにしても、「だってが」はインプットに基づいてM児が能動的にルールを獲得した結果と言えよう。

　第Ⅱ期では、他の理由表現 ｜だって+□｜ ｜□+から｜ も並行して見られ、第Ⅰ期に比べバリエーションが豊かになる。「から」が単独で使用可能な便利な標識としてL2幼児の中間言語に取り込まれ活性化していたことが推測された。複数標識の競合状態にあったと言える。第Ⅲ期では、「だってが」が消滅し「だって」に置換される。

　推察された段階性は、次のようにまとめることができる。

　第一段階：「だってが」のインテイクと使用—単一標識を広範囲に使用する。スロット内と構造の双方で習得を進める。

　第二段階：「だってが」「だって」「から」といった類似機能をもつ新しい標識のインテイクと検証−複数の標識が競合し、中間言語システムを再構築する。

　第三段階：「だってが」の削除、「だって」と「から」のみの精緻化された

表現の使用 – 規範標識を獲得する。

8.6.2 L1幼児とL2幼児の違い

L2幼児のプロセスをL1幼児と比較してみると、L2幼児は「だって」から「から」へと習得が進んでいったが、L1幼児は「から」から「だって」へと進む（大久保 1967）。とりあえず文頭にあり、卓立性のある「だって（さ）」を理由を表す標識としてインテイクするという初頭効果が考えられるが、L1幼児との相違から他に理由があることが考えられる。

それでは、なぜ、M児は「だってが」を頻用していたのであろうか。幼稚園の先生に聞くと「自分の気持ちを伝えたい時に使用する」ということであった。母親にも確認したところ、「M児は *parce que* を使って explain（説明）することが多い」ということであった。フランス語では、理由を表す場合「～だから、なぜならば」の意味で *parce que* という表現を使う。フランス語を母語とする幼児が *parce que* を多用することも報告されている（Sekali 2012）。こういった実情を照合すると、フランス語発話時に重要な表現であった *parce que* を「だってが」と One-to-One Principle（Andersen 1984）でマッピングさせ、使用し続けたことが推測される（図8-7参照）。特に、「から」と異なり「だって」は発話の初頭部に配置するため、フランス語の *parce que* と共通する。｛理由標識+□（理由）｝といった母語の構造スキーマを活かせることから、「から」よりも「だって」をまずは中間言語に取り入れたのではないかと考える。橋本（2009, 2011b）においては、M児が発話

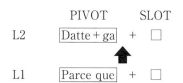

図8-7　ダッテガをピボットとした「スロット付きスキーマ」の生成プロセス

を組み立てる際に母語知識を活かしていたことが報告されている。L1習得プロセスとの違いからも、この推論の妥当性が得られる。L1幼児は「から」の産出が「だって」の産出よりも早い（大久保 1967）が、L2幼児は「だって」の産出が早い。このように、L1幼児とL2幼児の「だって」と「から」の産出状況が異なるのは、主に母語転移に起因すると推論できる。

第Ⅱ期は「から」の使用が増えるが、第Ⅲ期になると「だって」の使用が増えていた。このことからも、M児は「から」の存在を知りながらも *parce que* と同じ配置で産出できる「だって」を好む傾向にあったのではないかと考える。

このように、M児が「だってが」を早期に中間言語に取り入れたのは、主に、*parce que* を多用するというフランス語における慣習に起因していたと考えられる。L2習得プロセスである中間言語（Selinker 1972）は、母語から目標言語へと向かう体系的変遷過程とも言われるが、その一端を確認することができたと言える。

8.7　本章のまとめ

本章の研究においては、複文構造を獲得するプロセスを明らかにするために理由表現形式の習得に焦点を当てて追究した。理由表現である接続詞および接続助詞をピボットにした「スロット付きスキーマ」（橋本 2006b 等）が生成され、他のスキーマ（｛これが＋□｝、｛ぼくの＋□｝、｛□＋の＋□｝、｛□＋できない｝など）と合成することで言語構造が構築されていくプロセスが明らかとなった。この結果は、「スロット付きスキーマ合成仮説」（橋本 2011b）を支持するものである。また、コミュニケーションのためにM児にとって重要な理由標識「だってが」を最初に獲得し、「だって」「から」を増やしていく様相は、Pine et al.（1998）等の「卓立性のある標識を中心に言語構造を構築していく」という主張に繋がるものと考える。

習得プロセスは、第一段階）「だってが」と *parce que* を One-to-One Principle の原理でマッピングさせ、単一標識を広範囲に使用する段階、第二段階）「だって」、「から」を取り込み検証する段階、第三段階）表現が淘汰され、精緻化されていく段階、であった。但し、「だって」スキーマは、「だってが」スキーマの不適切な部分が削ぎ落とされてできあがったものであり、「だってが」スキーマは「だって」スキーマの異形であったと言える。さらに、段階的習得プロセスを微視的に調査した結果、スロットの中身においても発達を確認することができた。最初は言語化されない状態（例8-1参照）に始まり、ゲシュタルト的表出である名詞１語などから動詞（仮原形）へ、そして複雑な構造へと変化を遂げた。産出パターンも、理由のみを表出するパターンから、事態と理由の両方を言語化し因果関係を明確に示すパターン、つまり単文を超えた高度な言語処理能力が要求されるレベルへと発達していった。「から」を使用した構造は、｛だってが＋□｝構造からの発達と相互作用することで獲得され、「だって（が）」無しの洗練された表現へと発達していった。これは、母語を出発点とし目標言語の体系へと漸進的に修正されていく中間言語の変遷として捉えることができた。それぞれの次元で習得の駒が進められていたと言える。インプットと母語に基づくスキーマが相互に作用することで進展する重層的かつ統合的習得プロセスが明らかになったと言えよう。

第9章　総合的結果

　本研究の目的は、L2幼児がどのように日本語の言語構造を構築しているのか、そしてL1幼児とはどのように異なるのかを明らかにすることであった。橋本（2011b）において「スロット付きスキーマ合成仮説」を提示しているため、本研究では、当該仮説を援用し、述語形、複雑な単文、複文といった多様な構文や構造がどのように習得されるのかを解明し、結果として当該仮説の妥当性を示すことを目的とした。研究対象児の習得状況も考慮し、否定形式、願望形式、全部否定表現形式、理由表現形式を形式ごとに検討することを研究課題とした。

　本章では、課題に対する結果を研究ごとに簡潔にまとめ、「スロット付きスキーマ合成仮説」を援用し、多様な構文や構造がどのように習得されるのかを述べる。

9.1　L2幼児の習得の段階性とL1幼児との相違

　まずは、各文法形式ごとにL2幼児の習得の段階性と、L1幼児との比較から明らかになったL2幼児の特徴についてまとめる。

否定形式の習得研究の結果

　L2幼児は、否定辞として捉えられた「じゃない」「ない」「なかった」「くない」「かない」などをピボットとした「スロット付きスキーマ」を増やしながら、「スロット付きスキーマ」の適格性を検討しつつ規範形獲得へと段階を踏んでいく。習得の段階性は、各標識の棲み分けに関する知識の更新とシステムの再構築によってもたらされる。形容詞と動詞完了過去の否定形式

の習得は遅れる。

L2幼児の否定辞使用のプロセスは次のように進む。

動詞非過去における否定辞の使用
 第一段階：動詞非過去に ¦□＋ない¦ スキーマを使用する。
 第二段階：動詞非過去に ¦□＋ない¦（¦□＋じゃない¦）スキーマを使用する。
 第三段階：動詞非過去に ¦□＋ない¦（¦□＋iない¦、¦□＋かない¦）スキーマを使用する。

動詞完了過去における否定辞の使用
 第一段階：動詞完了過去に ¦□＋じゃない¦ スキーマを使用する。
 第二段階：動詞完了過去に ¦□＋ない¦ スキーマを使用する。
 第三段階：動詞完了過去に ¦□＋なかった¦ スキーマを使用する。
 ＊第一、第二段階において、□の中はタ形である。

形容詞、形容動詞における否定辞の使用
 第一段階：形容詞、形容動詞に ¦□＋じゃない¦ スキーマを使用する。
 第二段階：形容詞に ¦□＋ない¦ スキーマを、形容動詞に ¦□＋じゃない¦ スキーマを使用する。
 第三段階：形容詞に ¦□＋くない¦ を、形容動詞に ¦□＋じゃない¦ スキーマを使用する。

L1幼児は、第一段階にあらゆる品詞に「ない」を使用するのに対し、L2幼児は、初期に動詞非過去のみに「ない」を使用し、完了過去、形容詞、形容動詞には「じゃない」を使用する。¦□＋ない¦ は規範形を経験することで獲得された接辞スキーマであり、「じゃない」は自立的に否定の意味を表す1語としてスキーマ生成に役立てられていた。インプットが少なく形態的

に複雑な接辞「くない」「なかった」はL2幼児にとってスキーマ生成がむずかしい。そのため、｛□＋じゃない｝を早期に取り込み、意図の伝達のために暫定的に使用していたと推察された。L1幼児は、「くない」から「じゃない」へ、L2幼児は、「じゃない」から「くない」へと習得の方向性が逆になっていた。L2幼児の「じゃない」の早期獲得は、①さまざまなテンス・アスペクト表現との結合使用（例 同意要求表現など）もありインプットに多い、②名詞や動詞に単純に付加するだけで否定形式が作れ、付加される側にも形態上ほとんど変化がもたらされないといった理由によると考えられた。

結果として、L2幼児には、「じゃない」を使用する段階がL1幼児よりも多くあることになる。中間言語のシステムが、未習部分を既習の言語要素（例 じゃない）を用いて埋めることで成り立っていたと言える。

願望形式の習得研究の結果

L2幼児は、「やりたい」を広範に使用し、その後「やりたい」をピボットにした「スロット付きスキーマ」を生成する。形態素「たい」の抽出と習得はその後になる。願望形式の習得は次のように進んでいく。

第一段階：「やりたい」を産出する。
第二段階：｛□＋やりたい｝スキーマを生成する（スロットの中身を名詞から動詞へ）。
第三段階：規範形「～たい」（「やりたい」以外）を産出する。
第四段階：｛□＋たい｝スキーマを生成する。
第五段階：過去形「～たかった」を産出する。
第六段階：過去形｛□＋たかった｝スキーマを生成する。過去否定形｛□＋たかった｝と｛□＋ない｝スキーマを合成させる。

この段階性に対しL1幼児の習得の段階性は次のとおりである。
第一段階：名詞、動詞単純形により表出する。

第二段階：規範形「〜たい」を産出する。
第三段階：|□＋たい| スキーマを生成する。
第四段階：過去形「〜たかった」、否定形「〜たくない」を産出する。

　L1幼児に比べると、L2幼児には、規範の |□＋たい| スキーマを獲得するまでに |□＋やりたい| スキーマを生成する段階が1段階多くある。L2幼児は、軽動詞と否定標識の融合形態（例 やりたい）を初期に固まりで習得し、願望標識として活用する。「やりたい」がインプットに多く、ユニットとして切り取りやすかったことが考えられた。|□＋やりたい| スキーマのスロットの中身は名詞から動詞へ推移し、動作内容を示す役割を担う。

　習得の流れを見ると、L1幼児、L2幼児とも非過去・肯定形の産出が過去形や否定形よりも早く、類似している。過去否定形になると、L2幼児に非規範の「たかった＋ない」（例 やりたかったない）といった単純な合成形態の段階がL1幼児よりも多くある。|□＋たかった| スキーマと |□＋ない| スキーマの単純な合成によるものと言える。この事例は、願望、否定、過去表現の結合であり複雑である。L2幼児は、短期に複雑な構造をインプットから獲得することができず、機能を付加しなければならない分だけL1幼児よりも多く段階を踏むことになる。

全部否定表現形式の習得研究の結果

　「疑問語も」のみによる表出も見られたが、L2幼児は、「疑問語もない」（例 何もない）を全部否定の標識としてまずは獲得し、その後発話意図の内容を明確にするために、|疑問語も否定＋□| スキーマを生成し、スロットに動詞を単純に当てはめていた。スロット内の発達と修正、呼応形態への統語的修正、疑問語の修正もその後なされる。
　L2幼児の全部否定表現形式の発達は次のようになる。
　第一段階：「疑問語も」、全部否定文（疑問語も否定）を産出する。

　　　　例 何もない
第二段階：全部否定標識（疑問語も否定）＋動詞（テンス・アスペクト）を産出する。
　　　　｛全部否定標識＋□｝スキーマを生成する。
　　　　例 何もない切った
第三段階：疑問語も＋動詞＋否定（テンス・アスペクト）を産出する。
　　　　｛疑問語も＋□＋否定｝スキーマを生成する。
　　　　例 何も切ってない

　全部否定表現形式の構造が発達すると共に、疑問語も多様化し、構文の種類（何も〜ない、誰も〜ない）も増えていった。下位の構文スキーマとさらに抽象度の高い上位の構文スキーマの生成が推察された。

　L1幼児は、呼応形態を有する規範文を産出していた。L2幼児には、「スロット付きスキーマ」に基づく非規範を産出する段階がL1幼児よりも多くあることになる。呼応形態の構造を構築するには、句を超えて注目の次元をシフトさせなければならないため、認知的に負荷が掛かる。この点について、本研究から得られたB児の否定形式と全部否定表現形式のプロセスを重ね合わせてみると、否定形式（未完了テナイ）の出現後数ヶ月を経て、動詞の未完了形を用いた全部否定表現形式の呼応形態が産出されている。注目の次元を文全体へとシフトさせ、認知処理資源を割けるようになるまでに時間が掛かることが、このプロセスを形成する1つの要因となっていると言えよう。

　「疑問語も否定」をピボットとした「スロット付きスキーマ」の生成は、母語転移の可能性も考えられた。L2幼児は母語（例 nobody）のユニットに対応する日本語の表現（例 誰もない）を1対1対応でインプットから切り取ると考えられる。

理由表現形式の習得研究の結果

　L2幼児は、「だってが（非規範）」「だって」「から」をピボットにした「スロット付きスキーマ」を単文レベルで生成し、競合させていた。途上、理由標識とスロットの中身について修正がなされた。規範標識獲得までのプロセスは次のような段階を踏む。

　　第一段階：「だってが」のインテイクと使用—<u>単一標識を広範囲に使用する</u>。スロット内と構造の双方で習得を進める。

　　第二段階：「だってが」「だって」「から」といった類似機能をもつ新しい標識のインテイクと検証—<u>複数の標識が競合</u>し、中間言語システムを再構築する。

　　第三段階：「だってが」の削除、「だって」と「から」のみの精緻化された表現の使用—<u>規範標識を獲得</u>する。

　理由表現は事態と理由の２種類の事項があって成立し、文構造の種類は単文と複文構造がある。「だって」「から」についての構造獲得プロセスは、次のとおりである。複文構造はスキーマの合成と相互作用による。単文から複文へと注目の次元を上げ、認知処理資源を割くことで発達していくと言える。

　推察された「から」構文獲得プロセス

　　第一段階：|だってが＋□| を基盤として、|だってが＋□＋□| |だってが＋□＋から| が生じ、相互作用により |だってが＋□＋から＋□| が創発する。

　　第二段階：「だってが」を「だって」に置換するという語レベルの操作を行う。(|だって＋□＋□| |だって＋□＋から| との相互作用により |だって＋□＋から＋□| を獲得している可能性もある。)

　　第三段階：「だって（が）」と「から」の併用により意味の明確化を図るが、必ずしも必要ではないことに気づき、「だって（が）」を

削り、「から」の単独使用の ¦□＋から＋□¦ ¦□＋から¦ を獲得する。

推察された「だって」構文獲得プロセス
　　第一段階：¦だってが＋□¦ を基盤として ¦□＋だってが＋□¦ が生じる。
　　第二段階：「だってが」を「だって」に置換する。
　　第三段階：¦だって＋□¦ ¦□＋だって＋□¦ を獲得する。

　L1幼児は「から」の習得から始めるが、L2幼児は、「から」の前に、「だってが（だって）」を初期に使用していた。これは、1つには母語の影響が考えられる。「から」と異なり「だって」は発話の初頭部に配置する。母語（フランス語）の parce que と同じであることから、¦理由標識＋□（理由）¦ といった母語の構造スキーマに基づいて、「から」よりも「だって」をまずは中間言語に取り入れたと考えられた。

　以上、研究ごとに、L2幼児の習得の段階性について簡潔にまとめた。結果を統合すると、L2幼児は固まりで捉えた機能表現をピボットにした「スロット付きスキーマ」の生成段階がL1幼児よりも多くあるということになる。
　この傾向は、橋本（2011b）において得られた知見を支持するものである。1語文の段階で内容語の習得を十分に行うことのできるL1幼児と異なり、L2幼児はインプットを十分に蓄積する間もなく、コミュニティに参加し意図を伝えなければならない。ゆえに、L2幼児は、L1幼児における初期の内容語のみを習得する段階がかなり短縮され、内容語と機能語（機能辞）の獲得のスタートラインがほぼ同時であるという理由から、非規範の「スロット付きスキーマ」を生成させたことが考えられる。「スロット付きスキーマ」

は、記憶と想起のしやすさを無意識に目指す簡素化された文法と言え、経済性の原理に適う現象なのである。

また、初期は、ピボットとする表現として母語の単位を基準に1対1対応で、目標言語から切り出していたことも考えられた。Andersen (1984) の One to One Principle に沿う現象である。また母語の構造スキーマを日本語の文を組み立てる際に用いていることも考察された。

述語形の習得において、外置から内置へと進むプロセスが「スロット付きスキーマ」の生成によってもたらされる現象であることを指摘したが、全部否定表現形式の習得も、全部否定標識を外置することから始まるという外置から内置へといった発達が確認された。このプロセスも「スロット付きスキーマ」の生成によってもたらされるものと指摘できる。

また、「スロット付きスキーマ」を大枠の構造として捉え、その後、スロットの中に入れるもの、形態、構造を修正していくというプロセスが確認された。具体的には、次に示すような方向性である。

① 統語構造、語や表現の使用において、母語から目標言語へ
② 軽動詞（汎用性の高い動詞）から一般動詞（より特定された動作内容の動詞）へ
③ 標識無しから標識有りへ、過剰標識から規範標識へ
④ 固まり表現から形態素（最小の単位）獲得へ
⑤ 単純な語結合から融合形態へ
⑥ 名詞（具体的なもの）から動詞（抽象的なもの）へ
⑦ 単文から複文へ

多様な次元で習得の駒が進められ、それぞれが相互に影響することで重層的かつ複合的なプロセスが形成されているのである。

9.2 「スロット付きスキーマ」の生成と合成による構造構築プロセス

橋本（2011b）においては、各言語ユニットをピボットにした「スロット付きスキーマ」の合成により有機的に結びついた文構造をスキーマ図で提示している（本書3.2.8参照）。ここでは、本研究において見られた述語形と複雑な構造がどのように構築されていくのかについて、スキーマの生成、合成、分離といった知見からプロセスを図示してみることにする。スキーマ図は本研究の結果における推察に基づく。

9.2.1 述語形の構造

まずは、述語形についてである。

否定形式の構造構築には、プロセスの段階性が1つにはスキーマの更新によってもたらされる、そして、固まりを基点としたルール獲得に至るまでの習得のプロセスは漸進的かつ重層的に織り成された連続帯であることを示した。

述語形は、動詞（形容詞、形容動詞）と接辞の双方にスキーマが生成され、合成したものである。否定形式の研究において、習得の段階性として、語基側と接辞側の双方において、次のようなスキーマの更新が見られた。

語基側における発達の段階性
　第一段階 – 内容のみの表出
　第二段階 – 意図の明確化に伴う複合的意味の表出
　第三段階 – 分解と意味要素の接辞側への移行に伴う語幹抽出

接辞側における発達の段階性
　第一段階 – 否定のみの表出

第二段階−テンス・アスペクトなどの複合的意味の表出

語基側と接辞側のスキーマは、初期は不十分ながらも意図を表出するために補完的関係性を保っていたが、相互に作用することで次第に規範の融合形態へと収束していった。

否定形式の構造スキーマの発達は、概ね次のとおりとなる。
〔非過去〕
1. ｜□＋ない｜スキーマを生成し、スロットに固まりの動詞形を入れる。

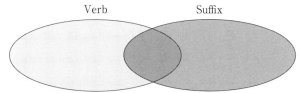

（動詞形（固まり））＋ない
例 食べてない

2. ｜□＋ない｜スキーマのスロットに動詞語幹を入れる。

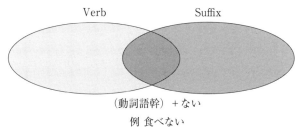

（動詞語幹）＋ない
例 食べない

〔完了過去〕
1. ｜□＋じゃない｜スキーマのスロットに動詞タ形を入れる。

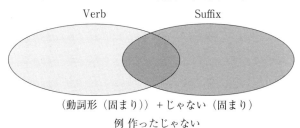

（動詞形（固まり））＋じゃない（固まり）
例 作ったじゃない

2. |□＋ない| スキーマのスロットに動詞タ形を入れる。

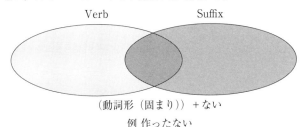

（動詞形（固まり））＋ない
例 作ったない

3. |□＋なかった| スキーマを生成し、スロットに固まりの動詞形を入れる。

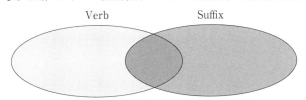

（動詞形（固まり））＋なかった（固まり）
例 作ってなかった

4. |□＋なかった|、[□＋てない] スキーマのスロットに動詞語幹を入れる。

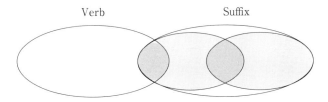

（動詞語幹）＋てない（なかった）
例 作ってない

　全体の形態にも注意が向けられ、インプットにある規範形との比較照合の中で精緻化されていく。述語形は、語基・接辞・否定形全体といった3つの次元において習得の駒が少しずつ進められ、規範的融合形態に辿り着く。完了過去形は、完了過去の意味を語基側（スロット内）から接辞側へ移行させることで発達していった。

願望形式の習得においても、語基と接辞側双方にスキーマ生成が見られ、それらの更新によって習得が進んでいくことが確認された。但し、初期の接辞部、つまりピボットは願望形式の軽動詞であった。

願望形式の構造スキーマの発達は、概ね次のとおりとなる。

〔非過去〕
1. |□+やりたい| スキーマを生成し、スロットに固まりの動詞形を入れる。

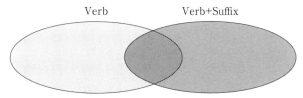

（動詞形（固まり））＋やりたい（固まり）
例 見せてやりたい

2. |□+たい| スキーマを生成し、スロットに動詞語幹を入れる。

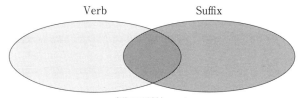

（動詞語幹）＋たい
例 乗りたい

〔過去〕
1. |□+たかった| スキーマを生成し、動詞語幹を入れる。

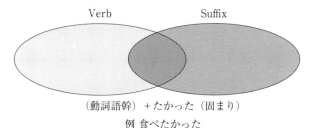

（動詞語幹）＋たかった（固まり）
例 食べたかった

〔過去否定〕
1. |□+たかった| スキーマと |□+ない| スキーマが合成する。

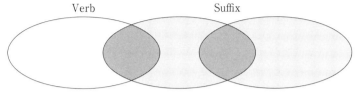

（動詞語幹）+たかった（固まり）+ない
例 やりたかったない

2. |□+たく+□| スキーマ（推測）と |□+なかった| スキーマが合成する。

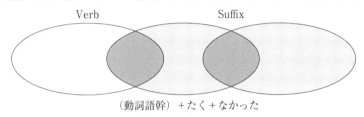

（動詞語幹）+たく+なかった
例 やりたくなかった

9.2.2 呼応形態の文構造

全部否定表現形式は呼応関係を伴う表現であることから、全部否定表現形式の習得プロセスの結果から呼応形態の構造スキーマの発達を考えてみる。概ね、次のとおりとなる。

1. 最も単純な全部否定文の「疑問語も否定」をひと固まりで習得する。

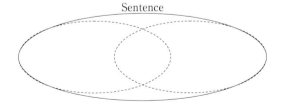

全部否定文（疑問語も否定）
例 何もない（固まり）

2. 全部否定文をピボットとした ｛疑問語も否定＋□｝ スキーマを生成する。

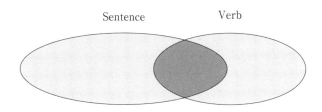

全部否定文（疑問語も否定）＋動詞
例 何もないした

3. 「疑問語も」と「ない」が分離した ｛疑問語も＋□＋ない｝ スキーマを生成する。

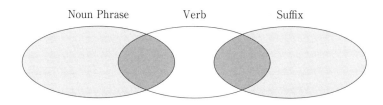

疑問語も＋動詞＋ない
例 何もやってない

　ピボットとなる部分は、複数の要素が含まれる大きな固まり（例 何もない）として習得されていた。その固まりが分離し、さらに合成する。固まり習得、スキーマの生成と分離、さらに合成といった認知的操作が介在する。

9.2.3　複文構造

　理由表現の習得研究においては、複文構造の習得について知見を得ることができた。複文構造のスキーマの発達は、概ね次のとおりとなる。

1. 文頭に理由を表す標識を配置し、|接続詞（だって）+□| スキーマを生成する。母語の語列スキーマの影響が考えられる。

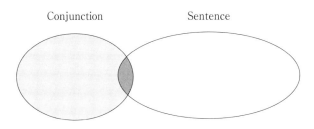

接続詞＋文
例 だって、椅子ある

2. 接続助詞のスキーマと合成する。単文の |接続詞（だって）+□（文）+接続助詞（から）+□（文)| スキーマを生成する。複数の理由標識（接続詞と接続助詞）が競合する。

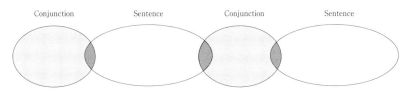

接続詞＋文＋接続助詞＋文
例 だって、むずかしいから これ持って

3. 不要な接続詞を削り落とし、|□（文）+接続助詞（から）+□（文)| を生成する。

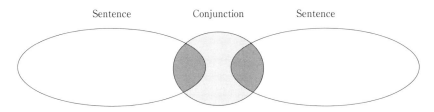

文＋接続助詞＋文
例 大きな魚じゃないから 遊ぶ

9.3 本章のまとめ

本章では、4つの小研究ごとに、習得の段階性とL1幼児とは異なるL2幼児の特徴を示した。さらにスキーマの発達を図示しながら説明した。

多様な構造は複合的にスキーマが組み合わさったもので、複合体がどのように習得されていくのかは、「スロット付きスキーマ」の生成と分離、さらには合成により説明することができた。外置から内置へと進む普遍的発達プロセス（Shumann 1979 等）が機能標識をピボットとした「スロット付きスキーマ」の生成によることを多様な構文において確認し、「スロット付きスキーマ」の更新による知識の再構築によって、習得段階がもたらされることを示した。

第10章 総　括

　本章では、まずは本研究の結論を述べる。結論においては、本研究の理論的貢献を述べ、習得メカニズム、そしてL1幼児とL2幼児の違いを引き起こす要因について論じる。次に、研究結果から考えられる年少者日本語教育について記述し、最後に本研究を振り返り、今後の課題を述べる。

10.1　結論

10.1.1　本研究の理論的貢献

　本研究は、丸暗記の固まり表現が言語構造構築の知識の組織点となっていることを明らかにした。L2幼児がインプットから断片的な言語ユニットを抽出し、初期の抽象度の低いスキーマの生成に役立て、具体から抽象へとボトムアップに言語構造を発達させていく様相を示したものである。本研究の結果から、最初に固まりで習得されるものは認知的に卓立性のある言語ユニットであり、それを中心に小さな島ができ、次第に島が有機的および統語的に結びついていくことで構造が複雑化し、より大きな言語構造ができあがっていくことが示唆された。

　本研究の意義は、海外における固まり習得に関する研究（Hakuta 1974；Peters 1983；Wong-Fillmore 1976, 1979等）の歴史的流れを汲み、固まりが言語習得に結びつくのかという世界的議論に対し、実際のデータから言語習得初期に見られる固まり表現とルールとの繋がりを示したことにある。また、用法基盤モデル（Langacker 2000）が提唱するように、言語の具体から抽象度の高いパターンへと発展する（Bybee 2008; Dabrowska 2000; Dabrowska & Lieven 2005; Ellis 2011; Goldberg 2006; Tomasello 2003）ことを日本語において示

したことは、言語習得のメカニズム解明に寄与するものと考える。
　最後に、前章の総合的結果を踏まえて、言語習得のメカニズムについて述べる。

10.1.2　プロセスの共通性が示す習得メカニズム
　本研究では、言語ユニットをピボットとした「スロット付きスキーマの合成仮説」(橋本 2011b) の普遍性を高めるとともに、プロセスを具体的かつ実証的に示した。橋本 (2011b) においては、動詞形と助詞に焦点を当てたが、本研究では、述語形、複雑な構造をもつ文 (呼応形態を有する文)、さらには複文構造の構築プロセスを追究するために、否定形式 (述語形1)、願望形式 (述語形2)、全部否定表現形式 (文の複雑な構造)、理由表現形式 (複文構造) について研究を行った。「スロット付きスキーマ」(橋本 2011b) は習得初期の一段階に限定される「ピボット・スキーマ」(Tomasello 2003) と異なり、習得が進んだ段階をも含み、スロットによってもたらされる生産性を重視した表現である。
　これらの結果を統合してみると、語、句、文、複文といったどのような大きさの構造であっても、同じ認知処理の原理でメカニズムを説明することができる。語内の語基側と接辞側 (否定形式、願望形式といった述語形)、文内の疑問語側と述語側 (全部否定表現形式の複雑な文構造)、複文内の理由表出文側と事態表出文側 (理由表現形式の複文構造) といったどのレベルにおいても、スキーマの生成と分離、そして合成と相互作用といった認知的操作が介在していた。「スロット付きスキーマ」は1つのチャンクとして処理できるため、記憶と想起をより容易にするために生成された幼児なりの単純な文法であり、認知的処理の負担を軽減しようとする経済性の原理がプロセスの共通性を生んでいると考える。
　「スロット付きスキーマ」のピボットについては、橋本 (2011b) の知見を含めると述語形については、アスペクト形式や否定形式の研究での接辞の固

まり（例 ちゃった、だった、じゃない）、可能形式の研究での軽動詞（例 できる）が機能を表すユニットとして抽出されることを明らかにしたが、願望形式の研究では軽動詞の機能付きの表現（例 やりたい）、全部否定表現形式の研究では文全体（例 何もない）、理由表現形式の研究では接続助詞（例 から）および接続詞（例 だって）をピボットとする現象が確認された。卓立性があり、ユニットとして抽出しやすいものをピボットとして採用していた。ピボットの抽出において、類似した機能が複数ある場合も１つのユニットに固執する段階がある一定期間見られたことから、One to One Principle (Andersen 1984) により、初期に習得した標識に依存する傾向がL2幼児にはあると指摘できる。

　それでは、どのようにして規範の構造に辿り着くのか。述語形の習得プロセスにおいては、非規範の構造が産出される一方で、規範の構造も見られた。固まり表現と「スロット付きスキーマ」は相互補完的関係を保っていた。このことから「スロット付きスキーマ」からの非規範の産出と、固まりのままの規範形の産出が競合し、かつ相互作用することで規範に辿り着くことが確認できた。複雑な文構造の習得プロセスにおいては、初期に固まりで全部否定表現の文を産出し、その後分離により、全部否定表現形式の規範構造を獲得するのだが、固まり表現が分離する時点で、規範の構造を認知していたと考えられる。下位のスキーマが複数生成されることで抽象度の高い上位スキーマが生成されることも推察された。

　また、多様な構造において、習得が重層的かつ複合的プロセスであることを指摘した。重層的プロセスは異なるレベルの層ごとに習得が進んでいくが、その方向性を下位の発達が支えていることが示された。統語や語の使用において母語から目標言語へ、軽動詞から一般動詞へ、標識無しから標識有りへ、固まり表現から形態素獲得へ、単純な語結合から融合形態へ、名詞から動詞へ、単文から複文へといったものである。

　各形式の習得において明らかにした習得段階は、スキーマの更新によるも

ので、スキーマの更新のたびに知識の再構築がなされていた。そもそも言語構造は、形態素、語、句、文、複文（重文）といった具合に階層構造になっているが、これらの構造が最初から知識としてあるのではなく、具体の表現を起点としてボトムアップ（具体から抽象へ）で形成されていくことが示唆された。また、注目の次元がシフトすることで構造が複雑化することも指摘した。

10.1.3　L1幼児とL2幼児の違いを引き起こす要因

　本研究は、L1幼児とL2大人との比較ではなく、L1とL2習得の違いはあるが年齢や認知能力の発達具合の近いL1幼児とL2幼児を比較したものである。L1幼児とL2幼児の共通性と差異について、橋本（2011b）において示された内容を異なる文法カテゴリーの中で確認し、結果の普遍性を少しずつではあるが高めることができたと考える。L2幼児の習得プロセスには、L1幼児と異なりスキーマ生成が早期に行われること、L1幼児とは異なる抽象度の低い「スロット付きスキーマ」を生成する段階が多くあること、そしてL1幼児のようにすぐに規範の構造を獲得したり、修正したりできないことから、産出したい機能が増えれば増えるだけ多くの段階（言語アイテムの単純な合成段階）を踏むことを示した。

　L2幼児は、コミュニティの中でコミュニケーションをすぐにとりたい、あるいは、なんとか意図を伝えたいという強い動機づけから、数少ない遭遇場面とその中で与えられた言語表現を最大限に利用し暫定的ルールである「スロット付きスキーマ」を生成するのである。L2幼児には、L1幼児のように母親との1対1の共同注意に基づいて、あるいは双方の意図を（概ね）理解した上で成立するコミュニケーションの場は少ないと考える。筆者の観察では、どちらかというと、周囲の複数の幼児が自分の母語である日本語で意図を伝える中、L2幼児は不完全な日本語を駆使して意図を伝えなければならないというある意味過酷な環境に放り込まれた状態にあることが多かった。

第10章 総括

　このようにL1習得とL2習得では、インプットの量だけでなく、インプットの質も異なる。そして、アウトプットの機会やアウトプット時の心理面を含む状態も異なるのである。

　また、母語における学習経験が早期スキーマ生成に役立っていることを述べたが、L2幼児は、母語の知識に基づいて目標言語（日本語）の形式を1対1対応で見つけることを指摘した。本書第3章においても説明したが、L1幼児は概念とことばを結びつける。その際に外界にある現象を切り取りながら、ことば（形式）のラベルづけを行う。しかし、L2幼児は、既に母語のラベルのついた概念にL2のラベルを加えるという作業を行う。つまり、母語のユニットに対応するものを日本語において探すのである。また、L2幼児は母語の構造スキーマに依存し、母語と似た構造を好む傾向にあった。プロセスの途上に母語の影響が見られ、母語から目標言語へ向かう中間言語の体系的変遷過程の一端を確認することもできたと言える。

　このように、L1幼児とL2幼児の習得プロセスの違いを引き起こす要因として、インプットの量と質の違い、学習環境、母語学習経験の有無が挙げられる。理由表現形式の研究においては、L2幼児が「だってが（ga）」を早期に習得している点で、母語だけでなく、周囲の園児の「だってさ（sa）」から推論した可能性も指摘した。また、助詞「が」のルールの拡大適用も考えられた。このように1つの形式を習得する際にも複数の要因がそのプロセスを形成しているのである。L2幼児は知覚的要因も含め、入手できるさまざまな情報を手掛かりとし類推の範囲を拡げ、規範に近づけようとしていることが考えられる。手掛かりの信頼度はインプットの量に大きく関係してくるが、L2習得の場合、インプットが少ない分、L1幼児とは異なる要素が絡んでいると言えよう。

　以上、本書にまとめた4つの研究結果における共通性から言語習得のメカニズムについて簡潔に論じた。L2幼児にとって、「スロット付きスキーマ」が言語習得の起点となる基盤のルールであり、かつ規範の言語構造獲得への

橋渡し的な役割を担う重要な表現であることを確認できた。

10.2　年少者教育への示唆

　本書第1章の「研究の背景」において、現在わが国で教育を受ける外国人の子どもが増えつつあり、言語習得がどのように進むのかといった観点から支援の方法を考える必要があることを述べた。筆者は小学校にいる外国人児童の支援にも携わっている。本研究で明らかになったL1幼児とは異なるL2幼児の言語習得プロセスとメカニズムを、幼児に加えて児童に応用して考えることは年少者日本語教育に有効であると考える。大人とも異なる年少者の言語習得プロセスの特徴は次のように言える。

　子どもは大人と異なり、抽象度の高いルールを先に獲得するのではなく、実際のコミュニケーションの中でボトムアップで具体的な事例を集め、比較や類推能力、カテゴリー化、抽象化能力を用いて抽象度の低いルールである「スロット付きスキーマ」（橋本 2011b）を生成する。子どもは認知処理資源の容量が小さいため、自動化している固まりを用い、分離や合成により構造を構築する。また、獲得した1つの機能表現に固執する傾向があるが、新規に表現をインテイクすると、そのたびに表現の使用域の調整、つまり棲み分けを行い、システムの再構築を繰り返すのである。
　このような言語習得のプロセスとメカニズムを教育現場に役立てるための指導上のポイントとして次の3つのことが言える。

〈ポイント1〉コンテクストを意識させながら、インプットをたくさん与える。
　言語習得は形式と意味のマッピングであると言われるが、形式とコンテクストとのマッピングである。どのような言語環境の時に、どのような場面や

気持ちの時に使用する表現なのかを体験を通して理解させる。また、言語習得のメカニズムである固まり表現の獲得やスキーマ生成を促すには、重複する多くのインプットが必要である。スキーマの修正のためにも対照データとしてインプットを与えることが必要である。この時、インプット仮説で言われる「i+1」(Krashen 1985)、つまり、子どもの言語能力（レディネス）を判断し、それより少し上のレベルのインプットを与える必要がある。さらに、意味機能が類似するが言語環境や使用コンテクストの異なる表現のインプットも習得段階に応じて与えることも必要である。1つの機能を表すスキーマを生成したら、別の表現もあることを理解させる。その違いに気づくことが、スキーマの精緻化に繋がるのである。

　ポイント1のために有効な活動として次のものが考えられる。
・固まり表現の定着を図り、コンテクストを想起させ、記憶を何度も辿らせるための繰り返し学習をさせる。
・スキーマの生成に必要な比較能力や類推能力を使う創造的な活動を取り入れる。
・抽象度の低いルールである「スロット付きの表現」を提示し、スロットの中身を入れ替える練習をさせる。そうすることで、ピボット部分の機能を理解させ、「スロット付きの表現」の生産性を認識させる。この時、活動に明確な目的をもたせることが大切である。コンテクストの理解を重視する意味からも、コンテクストはなるべく身近で日常的なものがよい。

〈ポイント2〉アウトプットの動機付けと機会を与え、産出を待つ。

　複雑な表現であっても、子どもは必要性があればなんとか意図を伝えようとして使用する。初期は固まりの表現を単純に合成させる。これが習得の第一段階であることから、構造を組み立ててアウトプットするといった一連の流れを見極めることが大切である。言語の修正段階に入ると、子どもはアウトプット後にモニタリングしてスキーマを修正したり、他の表現と置換した

りする。このような仮説検証のためのアウトプットは大切である。

　ポイント2のためには、次のような活動がよいだろう。
- 子どもが楽しみながら、思わず産出したくなるような活動を行う。
- 正確さを求めず、多くの産出（アウトプット）を評価するような活動を用意する。非規範の産出が習得を進めるので、間違いを恐れずに産出できる環境作りが大切である。

〈ポイント3〉丁寧に対話する。

　子どもは、対話の中で、規範表現のフィードバックを得ることができる。さらに、初期は短い文しか産出できなくても、相手の産出した表現を自分の発話の中に取り込む、つまり対話の中でスキーマを合成させることで、長くて複雑な文を産出できるようになる。したがって他者の表現を内化しスキーマの合成を促すためにも対話は重要である。

　ポイント3のためには、次のような活動が有効であろう。
- 言語能力のレベルが上の者と目的のあるコミュニカティブな活動を行い、対話による言語表現の修正と合成を促す。協働の中で、子どものもっている能力を引き出し向上させられることはVygotsky (1934)の最近接発達領域の理論においても指摘されている。

　上記を踏まえると、用法基盤モデルの習得プロセスに沿った教育法として、具体的には、漫画、アニメ、動画、絵といった形式とコンテクストとのマッピングを促す視覚教材や、クイズやゲーム方式で行えたり、手や体を動かして具体物を操作できるような教材が有効ではないかと考える。橋本（2014c, d）においては漫画（絵）やゲームを取り入れた具体的な教材を提案している。

10.3　今後の課題

　本研究においては、述語形、つまり語内の発達から、呼応形態などの文内の発達、そして単文から複文へといった複雑な構造構築について追究したが、複雑な構造は他にも多く存在する。本研究では、スキーマの生成、分離、合成、相互作用といった認知的操作に関わる言語発達を確認したが、今後も同じ視点から他の文法カテゴリーについても言語習得のプロセスを明らかにしていきたい。

　今後は本書1.2で述べたように、年齢、認知能力の発達の違い、言語学習の経験の有無、インプットや学習環境の違いといった要因を踏まえてL1幼児、L2幼児、L2大人の共通性と差異を検討することで、言語習得のメカニズムをより厳密に明らかにしたいと考えている。筆者は、大人の学習者の習得プロセスについても「スロット付きスキーマ合成仮説」(橋本 2011b)を援用した研究に着手している（橋本 2014b)。L1幼児とL2大人を比較した研究（迫田 1998, 2001等）もあることから、それらの知見との整合性も追求してみたいと考える。

　本研究の結果は、幼稚園において日本語に本格的に触れ始めた英語やフランス語を母語とするL2幼児3名より得られたものである。小研究によっては、プロセス解明のため対象形式をより多く産出している幼児1名に焦点を当てたものもあり、結果の一般化はできない。また本研究では母語の影響が考えられたため、言語類型論的に異なる言語を母語とする場合はどのような習得プロセスになるのかも検討する必要がある。学習スタイルや性格といった個人差も考えられるため今後はさらに対象者を増やし検証していきたい。

　当然のことながら、本研究の対象児間にも個人差はあった。それらも考慮しつつ結果を導き出したつもりである。K児は3児の中で唯一女児で、活発に人との交流をもとうとする外交的な性格である。周囲の園児から「変な

日本語！」と言われても気にせずに積極的に話し掛けていた。B児はどちらかというと、言語産出に慎重で、むずかしい表現や構造に興味を示すタイプではないかと考える。誰もいない教室で、「いち、に、さん……」と日本語を確認するかのように練習している様子を観察したこともある。呼応形態の表現も他の幼児よりも多く使用していた。M児は論理的に考え、それを口に出すタイプなのか、一人遊びする時もことばで説明しながら進めていた。理由表現の産出が多かったのもこのためであると思われる。

　言語の産出には、このような個性によって引き起こされる現象も含まれているが、産出には必ず根拠がある。本研究は、発話表現との因果関係を支える根拠の共通性を捉え、産出を背後で支えているメカニズムに光を当てた研究である。

　筆者は、ほぼ5年間に亘って、現場へ赴き対象児の気持ちや感情、言語アプローチにおける個性を肌で感じながら観察し、発話1つひとつについて場面と照らし合わせながら分析し、さらにはL1幼児との比較によってL2幼児の習得プロセスを浮かび上がらせた。大量のデータを数値化するだけでは得られない豊かな情報が研究の土台となっており、それが筆者の研究の信念に繋がっているのである。

　また、本研究では、最後にフィールドワークから得られた結果を基に年少者教育について考えてみた。橋本（2018予定）においては、具体的な方法を紹介し、教師に対するアンケートの結果から有効性を示したが、実際に、どの方法がどのような効果をもたらすのかについては実践が必要である。基礎研究と現場における実践との往還により少しずつ明らかになっていくことであろう。

　本研究で明らかになったことが、教育現場の目の前にいる子どもに何が起きているのかを、言語習得のメカニズムの観点から解き明かす糸口になるにちがいないと信じている。

参 考 文 献

庵功雄・高梨信及・中西久美子・山田敏弘（2001）.『中上級を教える人のための日本語文法ハンドブック』スリーエーネットワーク.
伊藤克敏（1990）.『こどものことば―習得と創造』勁草書房.
伊藤克敏（2005）.『ことばの習得と喪失』勁草書房.
岩立志津夫（1981）.「一日本語児の動詞形の発達について」『研究年報』27: 191-205. 学習院大学文学部.
岩立志津夫（1992）.「文法の獲得―ローカル・ルールからグローバル・ルールへ―」『月刊言語』21-4：46-51. 大修館書店.
岩立志津夫（1994）.『幼児言語における語順の心理学的研究』風間書房.
内田伸子（1990）.『子どもの文章―書くことと考えること』東京大学出版会.
大久保愛（1967）.『幼児言語の発達』東京堂出版.
大久保愛（1975）.『幼児のことばと知恵』あゆみ出版.
奥津敬一郎（1982）.「語の成り立ち」日本語教育学会（編）『日本語教育事典』282-285. 大修館書店.
尾上圭介（2001）.『文法と意味I』くろしお出版.
門田修平（2002）.『英語の書きことばと話しことばはいかに関係しているのか―第二言語理解のメカニズム―』くろしお出版.
門田修平（2003）.『英語のメンタルレキシコン　語彙の獲得・処理・学習』松伯社.
家村伸子（2001）.「日本語の否定形の習得―中国語母語話者に対する縦断的な発話調査について―」『第二言語としての日本語の習得研究』4：63-81. 凡人社.
河上誓作編著（1996）.『認知言語学の基礎』研究社.
許夏玲（1997）.「文末の「カラ」について―本来的用法から派生的用法へ―」『ことばの科学』10：73-86, 名古屋大学言語文化部言語文化研究委員会.
久津木文（2005）.「バイリンガルの発達」岩立志津夫・小椋たみ子（編）『よくわかる言語発達』68-71. ミネルヴァ書房.
グループ・ジャマシイ編著（1998）.『日本語文型辞典』くろしお出版.
小柳かおる（2005）.「言語処理の認知メカニズムと第二言語習得―記憶のシステムから見た手続き的知識の習得過程―」『第二言語習得・教育の研究最前線―2005年版―』12-36. お茶の水女子大学日本言語文化学研究会.

迫田久美子（1998）.『中間言語研究―日本語学習者による指示詞コ・ソ・アの習得―』渓水社.

迫田久美子（2001）.「第一言語と第二言語の習得過程」南雅彦・アラム佐々木幸子（編）『言語学と日本語教育 2 : New Directions in Applied Linguistics of Japanese』253-269. くろしお出版.

渋谷勝己（1994）.「幼児の可能表現の獲得」『無差』創刊号23－40. 京都外国語大学日本語学科.

渋谷勝己（2002）.「旧南洋群島に残存する日本語の可能表現：談話データによる文法研究について」J. V. ネウストプニー・宮崎里司（編）『言語研究の方法 日本語・日本語学・日本語教育学に携わる人のために』くろしお出版 151-156.

白川博之（1991）.「カラで言いさす文」『広島大学教育学部紀要』2-39：249-255.

白畑知彦（1993）.「幼児の第二言語としての日本語獲得と「ノ」の過剰生成―韓国人幼児の縦断研究―」『日本語教育』81：104-115.

白畑知彦・冨田祐一・村野井仁・若林茂則（1999）.『英語教育用語辞典』大修館書店

辻幸夫編（2013）.『新編 認知言語学キーワード事典』研究社.

寺村秀夫（1991）.『日本語のシンタクスと意味』くろしお出版.

永野賢（1952）.「「から」と「ので」はどう違うか」『国語と国文学』29-2：30-41.

ネウストプニー, J. V.（2002）.「方法論のプロセス」J.V. ネウストプニー・宮崎里司（編）『言語研究の方法 言語学・日本語学・日本語教育学』3-13. くろしお出版.

野田尚史（2001）.「文法項目の難易度―難しい文法項目は複雑な処理を要求される」『日本語学習者の文法習得』101-120. 大修館書店.

野呂幾久子（1994）.「第二言語における否定形の習得過程―中国人の子どもの事例研究―」『静岡大学教育学部研究報告（人文・社会科学篇）』45：1-12.

橋本ゆかり（2006a）.「日本語を第二言語とする英語母語幼児のテンス・アスペクトの習得プロセス―タ形・テイ形の使用について―」『日本語教育』131：13-22.

橋本ゆかり（2006b）.「幼児の第二言語としての動詞形の習得プロセス―スキーマ生成に基づく言語構造の発達―」『第二言語としての日本語の習得研究』9：23-41. 凡人社.

橋本ゆかり（2007）.「幼児の第二言語としてのスキーマ生成に基づく言語構造の発達―第一言語における可能形習得との比較―」『第二言語としての日本語の習得研究』10：28-48. 凡人社.

橋本ゆかり（2008a）.「日本語を第二言語とする幼児のスキーマ生成による文構造の構築プロセス―使用依拠モデルの観点から助詞の使用に焦点を当てて―」『日本認

知言語学会論文集』8：328-337.

橋本ゆかり（2008b）.「英語母語幼児の日本語におけるテンス・アスペクトの習得―タ形・テイ形の習得状況からみたアスペクト仮説の傾向―」『日本語科学』24：77-97..国書刊行会.

橋本ゆかり（2009）.「日本語を第二言語とする幼児の言語構造の構築―「の」「が」のスキーマ生成に注目して―」『第二言語としての日本語の習得研究』12：46-65. 凡人社.

橋本ゆかり（2011a）.「日本語を第二言語とする英語・仏語母語幼児の否定形の習得プロセス―スキーマ生成に基づく言語構造の発達―」『第二言語としての日本語の習得研究』14：60-79. 凡人社.

橋本ゆかり（2011b）.『普遍性と可変性に基づく言語構造の構築メカニズム―用法基盤モデルから見た日本語文法における第一言語と第二言語習得の異同―』風間書房.

橋本ゆかり（2011c）.「認知言語学から見た第一言語習得と第二言語習得」『日本語学』30-7：40-48. 明治書院.

橋本ゆかり（2011d）.「第二言語における幼児の言語構造の構築―ピボット・スキーマの機能に焦点を当てて―」『日本認知言語学会論文集』11：82-91.

橋本ゆかり（2012a）.「第二言語としての日本語習得―用法基盤モデルの観点からピボット・スキーマからアイテム・ベースへ―」『日本認知言語学会論文集』12：576-581.

橋本ゆかり（2013）.「教育をデザインする―実習を基盤とした年少者教育問題の探究―」『教育デザイン研究』4：77-85. 横浜国立大学教育学研究科.

橋本ゆかり（2014a）.「日本語を第二言語とする幼児の疑問語使用の否定表現の習得プロセス―用法基盤モデルのピボット・スキーマを援用して―」『日本認知言語学会論文集』14：421-431.

橋本ゆかり（2014b）.「言語習得理論を研究の視点としたコーパス分析―第一、第二言語習得の幼児・成人の三者間の比較―」『第8回日本語実用言語国際会議 Conference Handbook』132-133.

橋本ゆかり（2014c）.「用法基盤モデルから考える年少者日本語教育の実践」国際交流基金助成事業第2回キルギス共和国年少者日本語教育セミナー 2014年8月23日 キルギス共和国人材開発センター ワークショップ キルギス共和国 ビシュケク

橋本ゆかり（2014d）.「コンテクスト重視の年少者日本語教育の実践」国際交流基金（モスクワ暫定事務所）助成事業日本語教材開発セミナー 2014年8月30日 モス

クワ日本文化センター ワークショップ ロシア モスクワ

橋本ゆかり（2015）.「用法基盤モデルから見た幼児の第二言語としての理由表現の習得プロセス―インプットと母語に基づくスキーマの生成と相互作用―」『認知言語学研究（Journal of Cognitive Linguistics）』創刊号：113-137. 開拓社.

橋本ゆかり（2016）.「幼児の言語習得」長友和彦（監修）森山新・向山陽子（編著）『第二言語としての日本語習得研究の展望　第二言語から多言語へ』295-322. ココ出版.

橋本ゆかり（2017a）.「認知言語学・用法基盤モデルの誕生の背景からみる特徴と第二言語習得研究への応用」『横浜国大　国語研究』35：17-29.

橋本ゆかり（2017b）.「第二言語としての日本語の発達」岩立志津夫・小椋たみ子（編）『よくわかる言語発達 改訂新版』78-79. ミネルヴァ書房.

橋本ゆかり（2018予定）.「用法基盤モデルとピア・ラーニングの理論から年少者日本語教育の教材を考える」『第21回ヨーロッパ日本語教育シンポジウム報告・発表論文集』ヨーロッパ日本語教師会

藤原与一（1976）.『幼児の言語表現能力の発達』文化評論出版.

水谷信子（2000）.「日英語の談話の展開の分析―話しことばにおける接続表現を中心として」『応用言語学研究』2：139-152.

村田孝次（1983）.『子どものことばと教育』金子書房.

森田良行（1989）.『基礎日本語辞典』角川学芸出版.

山梨正明（2000）.『認知言語学原理』くろしお出版.

綿巻徹（1997）.「文法バースト――一女児における初期文法化の急速な展開」『認知・体験過程研究』6：27-43.

綿巻徹（2005）.「文法発達②形態面での発達」岩立志津夫・小椋たみ子（編）『よくわかる言語発達 改定新版』46-49. ミネルヴァ書房.

Adamson, H. D. & Elliot, O. P. (1997). Sources of variation in interlanguage. *IRAL*, 35 (2), 87-98.

Alishahi, A. & Stevenson, S. (2010). A computational model of learning semantic roles from child-directed language. *Language and Cognitive Processes*, 25 (1), 50-93.

Andersen, R. W. (1984). The one-to-one principle of interlanguage construction. *Language Learning*, 34 (4), 77-95.

Bardovi-Harlig, K. (2002). A new starting point? Investigating formulaic use and input in future expression. *Studies in Second Language Acquisition*, 24 (2), 189-

198.

Bardovi-Harlig. K. (2006). On the role of formulas in the acquisition of L2 pragmatics. In K. Bardovi-Harlig, C. Felix-Brasdefer & A. Omar (Eds.), *Pragmatics and language learning (Vol. 11)*. Honolulu: National Foreign Language Resource Center, University of Hawaii at Manoa.

Bohn, OS. (1986). Formulas, frame structures, and stereotypes in early syntactic development: Some new evidence from L2 acquisition. *Linguistics*, 24 (1), 185-202.

Braine, M. D. S. (1963). The ontogeny of English phrase structure: The first phrase. *Language*, 39 (1), 1-13.

Brooks, P. J. & Tomasello, M. (1999). How children constrain their argument structure constructions. *Language*, 75 (4), 720-738.

Brooks, P. J. & Zizak, O. (2002). Does preemptation help children learn verb transitivity? *Jounal of child Language*, 29 (4), 759-781.

Brown, R. (1973). *A first language: The early stages*. Cambridge, MA: Harvard University Press.

Butterworth, G. & Hatch, E. M. (1978). A Spanish-speaking adolescent's acquisition of English syntax. In E. M. Hatch (Ed.), *Second language acquisition: A book of readings* (pp. 231-245). Rowley, MA: Newbury House.

Bybee, J. (2006). From usage to grammar: The mind's response to repetition. *Language*, 82 (4), 711-733.

Bybee, J (2008). Usage-based grammar and second language acquisiton. In P. Robinson & N. Ellis (Eds.), *Handbook of cognitive linguistic and second language acquisition* (pp216-236). London: Routledge.

Bybee, J. (2010). *Language, usage and cognition*. Cambridge; Cambrige University Press.

Bybee, J. & Thompson, S. (1997). Three frequency effects in syntax. *Proceedings of the Twenty-Third Annual Meeting of Berkeley Linguistics Society: General Session and Parasession on Pragmatics and Grammatical Structure*. 378-388.

Clancy, P. M. (1985). The Acquisition of Japanese. In D. I. Slobin (Ed.), *The crosslinguistic study of language acquisition, Vol. 1: The data* (pp. 373-524). Hilldale, NJ: Lawrence Erlbaum.

Cummins, J. (1984). *Bilingualism and special education: Issues in assessment and pedagogy*. Clevedon: Multilingual Matters.

Dabrowska, E. (2000). From formula to schema: The acquisition of English questions. *Cognitive Linguistics*, 11 (1-2), 83-102.

Dabrowska, E. & Lieven, E. (2005). Towards a lexically specific grammar of children's question constructions. *Cognitive Linguistics,* 16 (3), 437-474.

Durrant, P. & Schmit, N. (2009). To what extent do native and non-native writers make use of collocations? *IRAL*, 47 (2), 157-177.

Durrant, P. & Schmitt, N. (2010). Adult learners' retention of collocations from exposure. *Second Language Research*, 26 (2), 163-188.

Ellis, N. C. (1996). Sequencing in SLA: Phonological memory, chunking, and points of order. *Studies in Second Language Acquisition*, 18 (1), 91-126.

Ellis, N. C. (2002). Frequency effects in language processing – A review with implications for theories of implicit and explicit language acquisition. *Studies in Second Language Acquisition*, 24 (2), 143-188.

Ellis, N. C. (2005). Constructions, chunking, and connectionism: The emergence of second language structure. In C. J. Doughty & M. H. Long (Eds.), *The handbook of second language acquisition* (pp. 63-103). Oxford: Blackwell.

Ellis, N. C. (2008a). The dynamics of second language emergence: Cycles of language use, language change, and language acquisition. *The Modern Language Journal*, 92 (2), 232-249.

Ellis, N. C. (2008b). Usage-based and form-focused language acquisition: The associative learning of constructions, leaned attention, and the limited L2 endstate. In P. Robinson & N. C. Ellis (Eds.), *Handbook of cognitive linguistics and second language acquisition* (pp. 372-405). New York, NY: Routledge.

Ellis, N. C. (2011). Optimizing the input: Frequency and sampling in usage-based and form-focused learning. In M. H. Long & C. J. Doughty (Eds.), *The handbook of language teaching* (pp. 139-158). Oxford: Wiley-Blackwell.

Ellis, N. C., & Sinclair, S. (1996). Working memory in the acquisition of vocabulary and syntax: Putting language in good order. *Quarterly Journal of Experimental Psychology Section A*, 49 (1), 234-250.

Ellis, R. (1994). *The study of second language acquisition*. Oxford: Oxford University Press.（金子朝子訳　1996『第二言語習得序説―学習者言語の研究』研究社出版.）

Eskildsen, S. W. (2008). Constructing another language-Usage-based linguistics in second language acqusition. *Applied Linguistics*, 30 (3), 335-357.

Eskidsen, S. W. (2012). L2 negation constructions at work. *Language Learning*, 62 (2), 335-372.

Eskildsen, S. W. & Cadierno, T. (2007). Are recurring multi-word expressions really syntactic freezes? Second language acquisition from the perspective of usage-based linguistics. In M. Nenonen & S. Niemi (Eds.), *Collocations and idioms 1: Papers from the first Nordic conference on syntactic freezes, Joensuu, May 19-20, 2006* (pp. 86-99). Joensuu: Joensuu University Press.

Goldberg, A. (1995). *Constructions: A construction grammar approach to argument structure*. Chicago: The University of Chicago Press. (河上誓作、早瀬尚子、谷口一美、堀田優子 (訳) 2001『構文文法論 英語構文への認知的アプローチ』研究社出版.)

Goldberg, A. (2006). *Constructions at works: The nature of generalization in language*. New York, NY: Oxford University Press.

Granger, S. (1998). Prefabricated patterns in advanced EFL writing: Collocations and formulae. In A. Cowie (Ed.), *Phraseology: Theory, analysis and applications* (pp. 145-160). New York, NY: Oxford University Press.

Hakuta, K. (1974). Prefabricated patterns and the emergence of structure in second language acquisition. *Language Learning*, 24 (2), 287-297.

Hopper, P. (1998). Emergent Grammar. In M. Tomasello (Ed.), *The new psychology of language: cognitive and functional approaches to language structure* (pp. 155-175). Mahwah, NJ: Lawrence Erlbaum Associates.

Huebner, T. (1980). Creative construction and the case of the misguided pattern. In J. Fisher, M. Clarke & J. Schachter (Eds.), *On TESOL '80* (pp. 101-110), Washington, D. C. : TESOL.

Iguchi, Y. (1998). Functional variety in the Japanese conjunctive particle kara 'because.' In T. Ohori, (Ed.), *Studies in Japanese grammaticalization-Cognitive and discourse perspectives* (pp. 99-128). Tokyo: Kuroshio.

Jusczyk, P. W., Cutler, A. & Redanz, N. J. (1993). Infants' preference for the predominant stress patterns of English words. *Child Development*, 64 (3), 675-687.

Kanagy, R. (1991). *Developmental sequences in acquisition of Japanese as a foreign language: The case of negation*. Ph. D. dissertation, University of Pennsylvania.

Kanagy, R. (1994). Developmental sequences in acquiring Japanese: Negation in L1 and L2. In F. Fujimura, Y. Kato, M. Leoung & R. Uehara (Eds.), *Proceedings of the 5th conference on second language research in Japan* (pp. 109-126). Niigata: International University of Japan.

Klima, E. S. & Bellugi, U. (1966). Syntactic regularities in the speech of children. In J. Lyons & R. J. Wales (Eds.), *Psycholinguistic papers: The proceedings of the 1966 Edinburgh conference* (pp. 183-213). Edinburgh: Edinburgh University Press.

Krashen, S. D. (1985). *The input hypothesis: Issues and implications.* Torrance, CA: Laredo Publishing Company, Inc

Krashen, S. D. & Scarcella, R. (1978). On routines and patterns in language acquisition and performance. *Language Learning*, 28 (2), 283-300.

Langacker, R. W. (1987). *Foundations of cognitive grammar: Theoretical prerequisites, Vol. I.* Stanford, CA: Stanford University Press.

Langacker, R. W. (2000). A dynamic usage-based model. In M. Barlow, & S. Kemmer (Eds.), *Usage-based models of language* (pp. 1-64). Stanford, CA: CSLI Publications.（坪井栄治郎（訳）2000「動的使用依拠モデル」坂原茂編『認知言語学の発展』東京：ひつじ書房, pp. 61-143.）

Larsen-Freeman, D. (2011). A complexity theory approach to second language development/acquisition. In D. Atkinson (Ed), *Alternative approaches to second language acquisition* (pp. 48-72). Abingdon: Routledge.

Lieven, E., Salomo, D. & Tomasellom M. (2009) Two-year-old children's production of multiword utterances: A usage-based analysis. *Cognitive Linguistics*, 20 (3), 481-507.

MacWhinney, B. (1975). Pragmatic patterns in child syntax. *Stanford Papers and Reports on Child Language Development*, 10, 153-165.

McLaughlin, B. (1981). Differences and similarities between first and second language learning. In H. Winitz (Ed.), *Native language and foreingn language acquisition* (pp. 23-32). New York, NY: The New York Academy of Sciences.

McLaughlin, B. (1984). *Second-language acquisition in childhood: Vol. 1. preschool children.* Hillsdale, NJ: Lawrence Erlbaum.

Mellow, J. D (2006). The emergence of second language syntax: A case study of the acquisition of relative clauses. *Applied Lingusitics*, 27 (4), 645-670.

Milon, J. (1974). The development of negaiton in English by a second language learner. *TESOL Quarterly*, 8 (2), 137-143.

Myles, F., Hooper, J, & Mitchell, R. (1998). Rote or rule? Exploring the role of formulaic language in foreign language learning. *Language Learning*, 48 (3), 323-363.

Myles, F., Mitchell, R., & Hooper, J. (1999). Interrogative chunks in French L2: A basis for creative construction? *Studies in Second Language Acquisition*, 21 (1), 49-80.

Ohori, T. (1995). Remarks on suspended clauses: A contribution to Japanese phraseology. In M. Shibatani & S. A. Thompson (Eds.), *Essays in semantics and pragmatics* (pp. 201-218). Amsterdam: John Benjamins.

Peters, A. (1983). *The units of language acquisition.* Cambridge: Cambridge University Press.

Peters, A. (1985). Language segmentation: Operating principles for the perception and analysis of language. In D. I. Slobin (Ed.), *The crosslinguistic study of language acquisition, Vol. 2: Theoretical issues* (pp. 1029-1067). Hillsdale, NJ: Lawrence Erlbaum.

Piaget, J. (1948). *Le langage et la pensée chez l'enfant.* Paris: Delachaux et Niestle. (大伴茂（訳）1958『臨床児童心理学Ⅰ児童の自己中心性』同文書院.）

Piaget, J. (1952). *The origins of intelligence in children.* New York, NY: Norton

Pine, J. M., Lieven, E. V. & Rowland, C. F. (1998). Comparing different models of the development of the English verb category. *Linguistics*, 36 (4), 807-830.

Read, J & Nation, P (2004). Measurement of formulaic sequences. In N. Schmitt (Ed.), *Formulaic sequences acquisition processing and use* (pp.23-36). Amsterdam: John Benjamins Publishing Company.

Roland, C. (2013). *Understanding child language acquisition.* New York, NY: Rowtledge.

Rosch, E. (1973). On the internal structure of perceptual and semantic categories. In T. E. Moore (Ed.), *Cognitive development and the acquisition of language* (pp. 111-144). New York, NY: Academic Press.

Schumann, J. H. (1979). The acquisition of English negation by speakers of Spanish: A review of the literature. In R. W. Andersen (Ed.), *The acquisition and use of Spanish and English as first and second languages* (pp. 3-32). Washington, DC:

TESOL.

Schmitt, N and Carter, R (2004). Formulaic sequences in action: An introduction. In N. Schmitt (Ed.), *Formulaic sequences acquisition processing and use*. (pp.1-22). Amsterdam: John Benjamins Publishing Company.

Sekali, M. (2012). The emergence of complex sentences in a French child's language from 0; 10 to 4; 01: Casual adverbial clauses and the concertina effect. *Journal of French Language Studies*, 22 (1), 115-141.

Selinker, L. (1972). Interlanguage. *International Review of Applied Linguistics*, 10 (3), 209-232.

Shirai, Y., Slobin, D. I. & Weist, R. (1998). Introduction: The acquisition of tense-aspect morphology. *First Language*, 18 (54), 245-253.

Slobin, D. I. (1973). Cognitive prerequisites for the development of grammar. In C.A. Ferguson & D. I. Slobin (Eds.), *Studies of child language development*. (pp. 240-249). New York, NY: Holt, Rinehart, & Winston.

Slobin, D. I. (1985). Crosslinguistic evidence for the language-making capacity. In D. I. Slobin (Ed.), *The crosslinguistic study of language acquisition: Vol. 2 theoretical issues* (pp. 1157-1256), Hillsdale, NJ: Lawrence Erlbaum.

Spradley, J. P. (1980). *Participant observation*. New York, NY: Holt, Rinehart and Winston.

Stanovich, K. E. (1980). Toward an interactive-compensatory model of individual differences in the development of reading fluency. *Reading Research Quarterly*, 16 (1), 32-71.

Stefanowitsch, A. (2008). Negative entrenchment: A usage-based approach to negative evidence. *Cognitive Linguistics*, 19 (3), 513-531.

Tomasello, M. (1992). *First verbs: A case study of early grammatical development*. Cambridge: Cambridge University Press.

Tomasello, M. (2003). *Constructing a language: A usage-based theory of language acquisition*. Cambridge, MA: Harvard University Press.

Tomasello, M., Akhtar, N. Dodson, K. & Rekau, L. (1997). Differential productivity in young children's use of nouns and verbs. *Jounal of Child Language*, 24 (2), 373-387.

Vygotsky, L. S. (1934). 柴田義松 (訳) 2001『思考と言語』新読書社.

Wagner-Gough, J. (1978). Comparative studies in second language learning. In E. M.

Hatch (Ed.), *Second language acquisition: A book of readings* (pp. 155-171). Rowley, MA: Newbury House.

Weinert, R. (1995). The role of formulaic language in second language acquisition: A review. *Applied Linguistics*, 16 (2), 180-205.

Wong-Fillmore, L. (1976). *The second time around*. Doutoral dissertation. Stanford University.

Wong-Fillmore, L. (1979). Individual differences in second language acquisition. In C. J., Fillmore, D. Kempler & W. Wang (Eds.), *Individual differences in language ability and language Behavior* (pp. 203-228). New York, NY: Academic Press.

Wood, D. (2002). Formulaic language in acquisition and production: Implications for teaching. *TESL Canada Jounal*, 20 (1), 1-15.

Wray, A. (2002). *Formulaic Language and the Lexicon*, Cambridge: Cambridge University Press.

Wray, A. & Perkins, M. R. (2000). The functions of formulaic language: An integrated model. *Language & Communication*, 20 (1), 1-28.

本書の内容と既論文との関係

本書には、既論文の内容が含まれている。該当する箇所と既論文を対照させると以下のとおりとなる。なお、本書に既論文を加えるにあたり、部分的に書き直したり、加筆したりしている。

第1章（一部）
橋本ゆかり（2016）「幼児の言語習得」長友和彦監修 森山新・向山陽子編著『第二言語としての日本語習得研究の展望 第二言語から多言語へ』295-322. ココ出版（一部）

第2章（一部）
橋本ゆかり（2011b）『普遍性と可変性に基づく言語構造の構築メカニズム―用法基盤モデルから見た日本語文法における第一言語習得と第二言語習得の異同―』風間書房（一部）

第3章
3.1.2
橋本ゆかり（2017b）「第二言語としての日本語の発達」岩立志津夫・小椋たみ子編『よくわかる言語発達 改訂新版』78-79. ミネルヴァ書房（一部）

3.2.2
橋本ゆかり（2006）「使用依拠モデル誕生の背景と幼児の言語習得初期の特徴－第二言語習得への応用」『認知言語学的観点を生かした日本語教授法・教材開発』1年次報告書 平成17〜19年度科学研究費補助金研究 課題番号17520253 研究代表者 森山新 100-107.（一部）
橋本ゆかり（2017a）「認知言語学・用法基盤モデル誕生の背景からみる特徴と第二言語習得研究への応用」『横浜国大 国語研究』35：17-29.（一部）

3.2.3.2～3.2.3.3

　橋本ゆかり（2011b）『普遍性と可変性に基づく言語構造の構築メカニズム―用法基盤モデルから見た日本語文法における第一言語習得と第二言語習得の異同―』風間書房（一部）

3.2.4.2～3.2.4.4

　橋本ゆかり（2016）「幼児の第二言語習得」長友和彦監修 森山新・向山陽子編『第二言語としての日本語習得研究の展望　第二言語から多言語へ』295-322. ココ出版（一部）

3.2.8.1～3.2.8.2

　橋本ゆかり（2011d）「第二言語における幼児の言語構造の構築―ピボット・スキーマの機能に焦点を当てて―」『日本認知言語学会論文集』11：82-91.

3.2.8.3

　橋本ゆかり（2011c）の「認知言語学から見た第一言語習得と第二言語習得」『日本語学』30-7：40-48. 明治書院（一部）

第4章

　4.2

　橋本ゆかり（2011b）「普遍性と可変性に基づく言語構造の構築メカニズム―用法基盤モデルから見た日本語文法における第一言語と第二言語習得の異同」風間書房．（一部）

第5章

　橋本ゆかり（2011a）「日本語を第二言語とする英語・仏語母語幼児の否定形の習得プロセス―スキーマ生成に基づく言語構造の発達―」『第二言語としての日本語の習得研究』14：60-79. 凡人社．

　橋本ゆかり（2011b）「普遍性と可変性に基づく言語構造の構築メカニズム―用法基盤モデルから見た日本語文法における第一言語と第二言語習得の異同」風間書房．（一部）

第 7 章（一部）
　　橋本ゆかり（2014a）「日本語を第二言語とする幼児の疑問語使用の否定表現の習得プロセス―用法基盤モデルのピボット・スキーマを援用して」『日本認知言語学会論文集』14：421-431.

第 8 章
　　橋本ゆかり（2015）「用法基盤モデルから見た幼児の第二言語としての理由表現の習得プロセス―インプットと母語に基づくスキーマの生成と相互作用―」『認知言語学研究（Journal of Cognitive Linguistics）』創刊号：113-137. 開拓社

お わ り に

　本研究は、拙著『普遍性と可変性に基づく言語構造の構築メカニズム―用法基盤モデルから見た日本語文法における第一言語と第二言語習得の異同―』に次ぐ学術書であり、同書で提示した仮説をもとに研究を進めたものです。
　研究を開始した頃、子どもたちの逸脱に満ちた数々の発話に触れた時の驚きと感動は今でも覚えています。この逸脱を生み出すものは何か、この根底に広がる未知なる世界は何か、素直にこのことを探ってみたいと思いました。フィールドに入り込み、子どもたち一人ひとりと丁寧に接していくうちに、多くのことを見聞きし、肌で感じとることができました。記録したことば以上の豊かな情報を筆者に教えてくれました。程なくして筆者の中で小さな仮説が生まれました。その仮説は、種として順調に育つものなのか、朽ち果ててしまう価値のないものなのか、わからずにおりましたが、同じ視点で研究を積み重ねていくうちに、種は芽を出し、枝葉をつけ、少しずつではありますが成長していったような気がします。
　このように筆者が不安を抱きつつも未熟な仮説に沿って長期に亘り研究を続けてこられたのは、多くの先生方の暖かいご支持があったからだと思います。本書に収めた研究成果は、主に第二言語習得研究会、日本認知言語学会、日本語教育学会、国立国語研究所の発行する学術雑誌や書籍において発表した内容を発展させたものですが、それぞれの学会や多様な機会で、多くの先生方と出会い、励ましのお言葉やご助言を賜りました。この場を借りて御礼申し上げます。
　さらに、幼稚園、および調査対象児のＹ児、Ｂ児、Ｋ児、Ｍ児とその保護者様にも、感謝の意を表したいと思います。子どもたちに出会わなければ、そして、園の先生方や、保護者の方々からのご協力がなければ研究すること

はできませんでした。

　最後になりましたが、本書の刊行にあたり、お世話になりました風間書房の風間敬子社長、そして筆者の意向を常に尊重し、ご尽力くださいました斎藤宗親様に心より御礼申し上げます。

　本書は、独立行政法人日本学術振興会科学研究費 平成28年度～平成30年度 基盤研究(C)16K02805「認知言語学・用法基盤モデルの観点からの第一と第二言語習得に関する実証的研究」（研究代表　橋本ゆかり）の研究成果の一部です。

2018年4月

橋本　ゆかり

著者略歴

橋本ゆかり（Yukari Hashimoto）

三井物産株式会社勤務後、2005年、お茶の水女子大学大学院人間文化研究科言語文化専攻博士前期課程修了、2008年、お茶の水女子大学大学院人間文化研究科国際日本学専攻博士後期課程修了。博士（人文科学）。千葉大学、早稲田大学、Vassar College 非常勤講師などを経て、現在、横浜国立大学教育学部、同大学院教育学研究科、教授。東京学芸大学大学院連合学校教育学研究科教授、国立国語研究所共同研究員併任。専門は、第二言語習得、認知言語学、日本語教育、日本語学など。

【著書】
『普遍性と可変性に基づく言語構造の構築メカニズム─用法基盤モデルから見た日本語文法における第一言語と第二言語習得の異同─』風間書房　2011
『日本語多義語学習辞典─動詞編』アルク　2012
『第二言語としての日本語習得研究の展望　第二言語から多言語へ』ココ出版　2016
『教えよう　日本語─考え続ける日本語教師になるためのタスク─』凡人社　2016
『よくわかる言語発達　改訂新版』ミネルヴァ書房　2017

【主要論文】
「日本語を第二言語とする英語母語幼児のテンス・アスペクトの習得プロセス─タ形・テイ形の使用について─」『日本語教育』第131号　2006
「日本語を第二言語とする英語・仏語母語幼児の否定形の習得プロセス─スキーマ生成に基づく言語構造の発達─」『第二言語としての日本語の習得研究』第14号　凡人社　2011
「用法基盤モデルから見た幼児の第二言語としての理由表現の習得プロセス─インプットと母語に基づくスキーマの生成と相互作用─」『認知言語学研究(Journal of Cognitive Linguistics)』創刊号　開拓社　2015　など

【受賞歴】第27回新村出記念財団研究助成金（現　研究奨励賞）受賞　2009
第1回第二言語習得研究会佐々木嘉則賞受賞　2012

用法基盤モデルから辿る第一・第二言語の習得段階
―スロット付きスキーマ合成仮説が示す日本語の文法―

2018年4月30日　初版第1刷発行

著　者　　橋　本　ゆかり

発行者　　風　間　敬　子

発行所　　株式会社　風　間　書　房
〒101-0051　東京都千代田区神田神保町1-34
電話03(3291)5729　FAX 03(3291)5757
振替00110-5-1853

印刷　藤原印刷　　製本　井上製本所

©2018　Yukari Hashimoto　　　　　NDC 分類：801
ISBN978-4-7599-2207-3　　Printed in Japan

JCOPY 〈(社)出版者著作権管理機構　委託出版物〉
本書の無断複製は、著作権法上での例外を除き禁じられています。複製される場合はそのつど事前に（社）出版者著作権管理機構（電話03-3513-6969、FAX 03-3513-6979、e-mail: info@jcopy.or.jp）の許諾を得て下さい。